MW01706984

Bel ami, tu tiens entre tes mains un livre rempli de sensibilité et d'authenticité. J'espère qu'il te plaira :)

xxx Andy

DANS LES YEUX DE MON PÈRE

Des humoristes / comédiennes racontent leur père

Hugo Doc

Tous droits réservés y compris le droit de reproduction, totale ou partielle, sous quelque forme que ce soit, sans le consentement préalable de l'éditeur ou de l'auteur. Toute reproduction consisterait une violation du Code de la propriété intellectuelle.

Ouvrage dirigé par Pierre Bourdon
Édition : Érika Fixot, Sandrine Lazure
Design et illustration de la couverture : Louise Durocher
Mise en pages : Mélodie Landry
© 2021, Hugo Doc, département de Hugo Publishing
34-36, rue La Pérousse
75116 – Paris
www.hugoetcie.fr

ISBN : 9782755682137
Dépôt Légal : février 2021
Imprimé au Canada chez Marquis Imprimeur

DANS LES YEUX DE MON PÈRE

D'après une idée de Sinem Kara

Avec des textes de :
Anna Beaupré Moulounda
Mélanie Couture
Annie Deschamps
Audrey Guériguian
Pénélope Jolicoeur
Sinem Kara
Maude Landry
Daphné Létourneau
Andréanne Théberge

Hugo Doc

Quand une fille sourit comme ça à son père,
le père quel que soit son statut dans la vie
se sent devenir roi.

Harlan Coben, *Sans un mot*

MOT DE L'ÉDITEUR

Les pères s'expriment souvent par le regard, plus que par les mots. Leur regard exprime tour à tour l'autorité, l'absence, la complicité, la tendresse, la maladresse, l'amour.

Dans ce recueil, le regard du père est présenté du point de vue de sa fille.

On a moins évoqué les relations père-fille. Ce livre donne la parole à neuf jeunes femmes, toutes artistes de la scène, qui nous parlent de leur père. Chacune le raconte à sa façon : parfois drôle, parfois inusitée. Chacune relate des souvenirs, des aventures, des situations imaginées, des désirs ou des déceptions. Chacune partage ce qu'elle a lu dans les yeux de son père.

Pourquoi des humoristes et des comédiennes ?

L'idée de ce collectif a germé de la rencontre d'une jeune comédienne et humoriste, Sinem Kara, et d'un éditeur *fan* du Zoofest qui cherchait de nouveaux auteurs, de nouveaux visages.

Dans l'esprit de Sinem, le thème du regard du père est apparu immédiatement.

Elle était curieuse depuis toujours de savoir si la relation avec le père des autres filles ressemblait à celle qu'elle avait connue dans sa famille turque et musulmane, immigrée au Québec.

Dans l'esprit de l'éditeur, les humoristes et les comédiennes amèneraient un ton moderne et unique pour témoigner de ce qui nous différencie et de ce qui nous réunit. Et nous allions entendre de nouvelles voix. Choisir les autres participantes aura été facile et toutes sont des artistes qu'on adore, que vous adorerez aussi.

L'éditeur les remercie d'avoir joué le jeu avec le talent qu'on leur connaît et la fougue qui les caractérise. Mais ne vous trompez pas; vous serez étonnés de découvrir de la tendresse là où vous cherchiez des blagues, du doute lorsque vous imaginiez de l'assurance, des larmes lorsque vous entendiez des rires.

Les neuf autrices ont livré des textes sympathiques, sans prétention, toujours sincères et touchants. Elles vous racontent ici une histoire dans le confort de votre foyer, en attendant que vous puissiez les retrouver sur scène, un de ces quatre.

Bonne lecture!

Pierre Bourdon

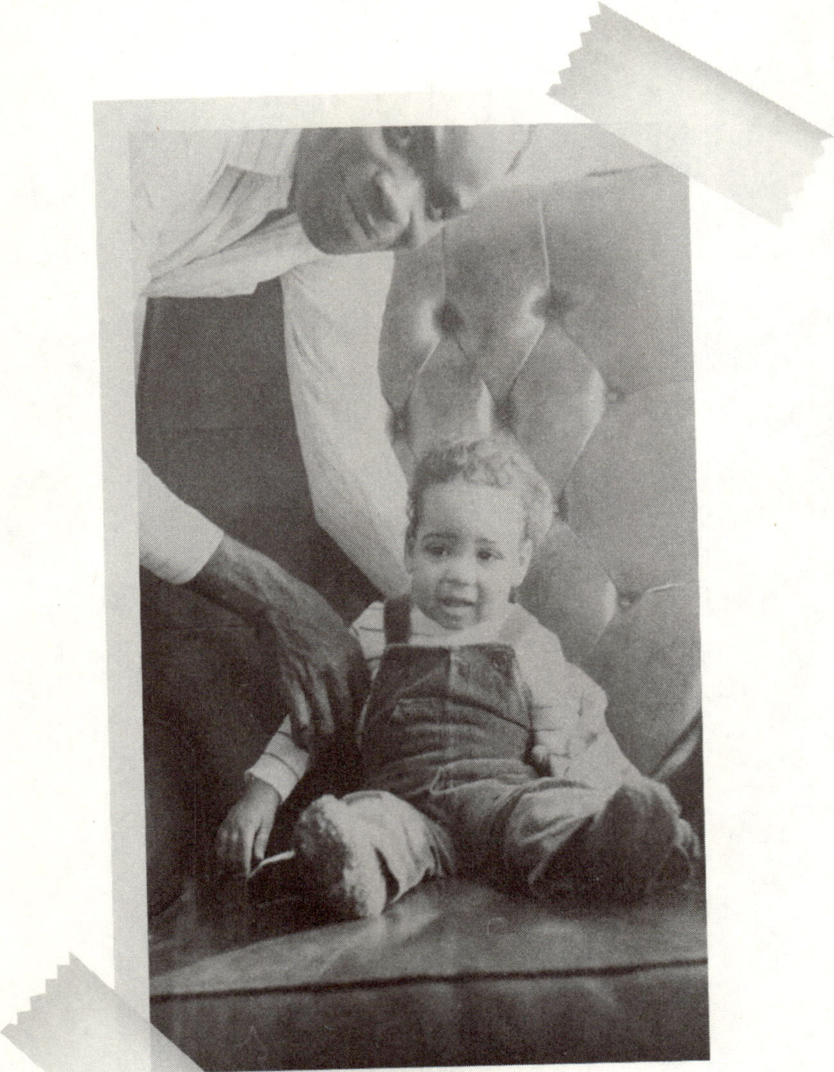

LE GÉANT ENDORMI

par Anna Beaupré Moulounda

Je descends les escaliers et je les vois. Elles sont là. Elles s'empilent. Elles forment maintenant un mur, elles me narguent. Depuis un an, elles arrivent par petits contingents, car par manque de temps, je les laisse s'accumuler. Les boîtes de mon père. D'avril à juin, il a fallu vider la maison petit à petit, parce que 800 kilomètres me séparent désormais de chez lui. Parce que le temps manque toujours, et encore plus quand il s'agit de vider la maison de son père. Parce qu'en septembre, j'ai reçu le fameux coup de téléphone.

Mon père a prononcé ces mots, simples et directs : « Ma fille, c'est la fin. » Sans réfléchir, je lui ai répondu : « Je serai là demain. » S'en est suivie une nuit interminable dans l'autobus. Huit heures à me contorsionner pour trouver un semblant de position confortable. Huit heures à essayer de dormir, à tenter de rassembler mes forces pour ce qui allait suivre. Parce que même une fois la fin annoncée, on ne sait pas combien de temps cela va durer. Alors on y va, tête baissée, le cœur plein, car il faudra être fort pour deux. Il faudra trouver les mots, adopter les bons gestes et aller au-delà de soi. Il faudra s'occuper de tout et comprendre le jargon médical qu'on ne connaît pas. Il faudra apprendre et retenir et répéter, encore et encore répéter, à tous ces gens qui viendront et qui passeront lui dire au revoir. Mais tout ça, je l'ignore encore, je n'en suis qu'au tout début.

« Dans la cuisine, seule, comme perdue sur le comptoir, il y avait sa tasse de café froid. »

Semble-t-il qu'un matin il se soit réveillé avec une douleur terrible au bas-ventre et, ne tenant plus, il aurait appelé l'ambulance. Couché sur une civière, il aurait franchi le pas de sa porte pour la dernière fois. De ça, il ne se remettra jamais. Comme un adieu manqué, une vie inachevée, un désordre pas rangé. Le soir venu, après ma première journée passée à l'hôpital, je suis allée me reposer chez lui pour la nuit. Dans la cuisine, seule, comme perdue sur le comptoir, il y avait sa tasse de café froid. Je n'ai pu me résoudre à y toucher. Comme pour ne rien perturber, comme s'il s'agissait d'un artéfact sacré.

Si un jour on m'avait dit que je m'ennuierais de mon père, je ne l'aurais jamais cru. Pourtant, ma mère m'a raconté que petite, j'étais toujours accrochée à lui, une vraie fille à papa. Malheureusement, de cette époque, je ne me rappelle rien. Mes souvenirs ne sont faits que de disputes, d'incompréhension, de rancune et de longs silences…

De très longs silences. Ma mère m'a toujours dit que mon père m'aimait, mais je ne l'ai jamais senti. Jusqu'à ce jour où je suis entrée dans la chambre d'hôpital.

Mon père était un athlète. Il l'a été jusqu'à la fin. Même pendant sa chimio, il a continué à faire deux heures de jogging chaque jour et une heure les moins bonnes journées. Car après tout, il fallait savoir être raisonnable. Jusqu'au dernier moment, il a gardé sa « Caramilk », comme j'aimais l'appeler, ou son « six pack », comme d'autres disent. Je n'ai pas hérité de ces gènes-là. Si manger de la poutine m'avait permis d'avoir des abdos, j'aurais adoré faire du sport.

Mon père a toujours été grand et fort – je ne l'avais jamais vu pleurer, je ne savais même pas s'il en était capable – et il avait une peau de cuir, d'un noir luisant. Alors lorsque je l'ai vu gris et petit dans ce grand lit blanc d'hôpital, lorsque je l'ai vu poser ses yeux sur moi, j'ai su immédiatement que je lui avais pardonné. Dix ans de thérapie n'avaient pas réussi à me donner ce sentiment de bien-être. Tout d'un coup, comme par magie, je venais de perdre l'équivalent d'un poids de mille livres sur mes épaules. Il venait de me faire son premier cadeau.

“ Partout où il passait, il séduisait, il conquérait les cœurs et les esprits. ”

Le premier souvenir que j'ai de mon père, c'est lors d'un de ses spectacles de musique. Il chantait et jouait de la guitare devant un public ravi. Mon père était charismatique, il avait un rire communicatif. Partout où il passait, il séduisait, il conquérait les cœurs et les esprits. Je me rappelle que nous venions de nous installer en Abitibi. Je devais avoir trois ou quatre ans et je ne comprenais pas pourquoi je ne pouvais pas rester avec lui sur la scène. Ma mère exigeait que je m'assoie comme tous les autres pour regarder la performance. Je n'étais pas de cet avis. Si je ne pouvais pas être aux côtés de mon père, je serais devant, là où je pourrais danser librement. Là où je pourrais me déhancher sur les rythmes africains. Ces mélodies, je les connaissais bien, je les entendais depuis ma naissance. À la maison, j'avais même le droit de toucher aux instruments et de chanter dans le micro. Une petite voix au fond de moi me disait que ma place était aussi sur la scène. J'aimais assister à ces spectacles. Et quand il se faisait tard et que j'étais trop fatiguée, je m'endormais sur les haut-parleurs.

> ***« Pour mon plus grand bonheur, il a vécu assez longtemps pour me voir réussir. »***

Mon père m'a toujours dit d'écrire. Ce qui a commencé par les confidences d'une enfant dans son journal intime s'est transformé avec le temps en de petits récits. Il y a eu ensuite les dissertations et, bien plus tard, une pièce de théâtre. Aujourd'hui, je gagne ma vie en jouant et en écrivant. L'avait-il pressenti ? Je ne sais pas.

Mon père me répétait toujours qu'en tant que fille noire, je devrais travailler deux fois plus fort que les autres pour atteindre mes objectifs, que je n'avais pas d'autre choix que de toujours me relever. C'est ce que j'ai toujours fait. Pour mon plus grand bonheur, il a vécu assez longtemps pour me voir réussir. Je ne pourrai jamais assez remercier la vie pour cela.

Un jour, sur son lit de mort, mon père m'a dit ces paroles attendues toute ma vie : « Ma fille, tu avais raison de me tenir tête et de poursuivre ton rêve de devenir comédienne. Je te félicite de m'avoir défié. » Il venait de me faire son deuxième cadeau.

La force du baobab est dans ses racines.
Proverbe congolais

Malgré le fait qu'il ait été admis dans l'unité de soins palliatifs, mon père a mis du temps à reconnaître qu'il allait mourir. J'aurais voulu qu'il accepte tout de suite d'aller dans une maison de soins palliatifs plutôt que de rester à l'hôpital. Il me semble que sa fin aurait été plus douce, plus paisible, mais on ne discute pas les désirs d'un mourant. Comme si ce n'était pas assez compliqué comme ça, il recevait des cartes de prompt rétablissement. Pour la première fois, j'ai cédé à tous ses caprices, j'exécutais la moindre de ses petites volontés. Un jour, il m'a regardée et m'a annoncé qu'une fois qu'il sortirait de l'hôpital, nous irions faire un *road trip* en famille en Abitibi. Nous emmènerions mon fils à la pêche, nous irions voir des ruches et acheter du miel chez des amis au Témiscamingue, et nous marcherions dans la forêt enchantée. « Ça fera plaisir au petit. » J'ai simplement souri.

Je n'avais jamais vraiment eu de contact physique avec mon père jusque-là. Ça ne nous était jamais venu naturellement. Mais comme il est resté coquet jusqu'à la fin, il insistait pour être toujours fraîchement rasé. Un jour, rasoir à la main, j'ai donc effectué les gestes un peu maladroitement. J'ai pris le temps. Intense silence dans cette chambre d'hôpital. Nous ne disions rien, c'était la première fois. Quand la tâche fut achevée, il était content, il se sentait bien et j'étais apaisée moi aussi.

J'ai six ans. Après mon cours de flûte à bec, il m'a emmenée manger au McDonald's, comme il le faisait tous les vendredis. Ensuite, nous roulions dans sa Mercury Cougar grise jusqu'aux autos écrapouties. C'était comme ça qu'on appelait le dépotoir des voitures. Ce n'était pas qu'il y ait eu quelque chose à y voir, c'était simplement un chemin connu, un chemin que nous avions dû parcourir au moins cent fois. C'était comme un repère. Le trajet aller-retour durait environ quarante-cinq minutes. Nous roulions et surtout, nous ne disions rien. Notre radiocassette jouait la chanson *Mario*, d'un chanteur congolais. C'est dans ces moments-là que nous connections le mieux.

Je n'ai jamais vraiment parlé à mon père. Mais devant la mort, nous sommes devenus très humbles. Nous avons prononcé des mots que nous n'avions jamais échangés auparavant. Nous étions maintenant sans artifice, nous parlions à cœur ouvert. Pendant ces quelques jours, je l'ai laissé être mon père et j'ai senti que j'étais sa fille. Soudain, c'était nous deux contre le monde. Pour lui, je me disputais avec le corps médical quand c'était nécessaire, je donnais même des ordres aux divers intervenants et, à ma grande surprise, on m'écoutait. Je n'avais peur de rien, car il était là.

Un jour, une personne de l'entretien ménager m'a reconnue, elle m'avait vue à la télé. Discrètement, j'ai observé mon père du coin de l'œil et j'ai senti pour la première fois qu'il était fier de moi. Il voulait qu'on l'emmène à la salle de séjour équipée d'une télé le dimanche suivant pour pouvoir regarder mon émission. Le jour venu, il ne s'en est pas souvenu, il souffrait trop. Se lever était un enfer. Mais le fait qu'il en ait eu envie a suffi à me remplir de joie.

> ***« ...j'ai observé mon père du coin de l'œil et j'ai senti pour la première fois qu'il était fier de moi. »***

Je suis au sous-sol et je remonte les escaliers. Je déferai les boîtes une autre fois. Aujourd'hui, je n'ai pas le moral.

J'ai dix ans. Mes parents se sont disputés ce matin dans la cuisine. J'y étais habituée. Je ne le savais pas encore, mais ce matin-là était le dernier de notre vie à trois. Après, ç'a juste été ma mère et moi, et mon père une fin de semaine sur deux. Au début, il avait son appartement à Granada, un genre de banlieue de Rouyn-Noranda. Chez lui, une pièce m'était réservée. Il y avait un matelas à même le sol et ses pneus d'auto. J'en avais fait une table de chevet. Mon père était un génie en informatique, un ingénieur minier, un doctorant, un homme brillant. Mais il était mal outillé pour le quotidien, il me demandait de commander pour lui au restaurant.

C'est l'année où j'ai reçu un journal intime pour ma fête. À partir de ce jour, je me suis mise à remplir les pages de mots pour raconter mes petites misères. J'étais très assidue et prolifique dans mon écriture. Mon père m'a alors dit de ne jamais arrêter, de toujours continuer à écrire.

Pour l'enfant que j'étais, cela ne voulait pas dire grand-chose. Ce n'est qu'aujourd'hui que ces mots prennent tout leur sens.

Ce soir, mon fils est chez son père. J'ai du temps. Je prends mon courage à deux mains et je descends les escaliers. Je n'arrive même plus à circuler tant le sous-sol est encombré. Je n'ai plus le choix, je dois faire le ménage dans ces foutues boîtes. J'en prends une au hasard. La boîte est remplie de lettres et de photos. Tout de suite, je plonge. Je suis tantôt au Congo, tantôt en Russie, en Suède, dans un couvent de sœurs à Saint-Basile-le-Grand, rue Berri et à Rouyn-Noranda. J'arrive grossièrement à tracer le parcours de son existence. La vie de mon père a été rocambolesque. Et à travers ses papiers, je découvre des gens et des histoires que je ne connais pas. À travers ses lettres, je partage ses peines et ses rêves. Sur ses photos, il y a de nombreuses femmes qui me sont inconnues, sûrement des amours vaincues, des amours déchues. Il y a des cartes postales que je suppose provenir d'amis jamais revus et de contacts perdus. Je crois comprendre qu'il y a des promesses d'un avenir meilleur, il y a sa jeunesse et l'espoir du retour sur sa terre natale. Sur les photos, je vois des Blancs, beaucoup de Blancs. Alors j'essaie d'imaginer Clotaire, parti si jeune du Congo pour étudier en URSS, quand cela existait encore. Et je trouve tous ces

> **“ *Mon père m'a alors dit de ne jamais arrêter, de toujours continuer à écrire.* ”**

documents en russe que je ne sais pas lire et que je ne peux me résoudre à jeter. Tout est un peu jauni. Je me demande comment il a pu garder tout ça, d'un océan à l'autre, dans sa cavale, dans ses déboires d'un appartement à l'autre, et malgré tous ses départs pressés, souvent non planifiés. Puis, je découvre une lettre de ma mère. Et au détour d'une phrase, mon nom apparaît. Je commence à exister. Son histoire commence à avoir du sens.

J'ai quatorze ans. Nous étions au restaurant et je venais d'annoncer à mon père que je voulais devenir comédienne. Pour l'immigrant qu'il était, c'était l'insulte suprême. Il avait fait tant de sacrifices et j'avais si peu de reconnaissance. Comment osais-je ? Lui qui était parti de son village sans rien d'autre que des idéaux et une volonté de fer, lui qui avait bravé tous les défis. Comment osais-je brandir devant lui mon rêve de misère et de chimères ? Comment... Quand ses amis me demandaient ce que je voulais faire plus tard, il s'empressait de répondre à ma place que je serais avocate, car j'étais tellement intelligente !

Les années qui ont suivi ont été faites de « trop » et de « pas assez ». Je n'étais pas assez ceci et je le trouvais trop cela. Nous sommes peu à peu devenus des étrangers l'un pour l'autre. Notre problème, c'était qu'on se ressemblait trop. Enfin... je crois. Tout en étant trop différents. Maintenant que j'y pense, c'était les deux à la fois.

J'ai dix-neuf ans. Je viens d'annoncer à mon père qu'à la fin de l'été, j'entrerai à l'école de théâtre. L'affront ultime. Ma mère m'a raconté plus tard que lui-même avait défié son propre père en refusant de reprendre les rênes de l'affaire familiale. Et qu'il avait alors secrètement planifié son départ pour aller étudier l'ingénierie en URSS.

On ne trouve pas de colombe dans un nid de corbeaux.
Proverbe québécois

J'ai vingt-deux ans. Mon père est venu voir mon spectacle des finissants. Après la représentation, il s'est rendu dans les loges pour m'offrir un bouquet. Il a finalement distribué les fleurs à chaque élève de ma classe. Ils l'ont trouvé attendrissant. Et tout le monde ensuite s'est souvenu de « Crotale ». Crotale, je ne m'en faisais plus avec ça, car il y avait aussi eu « Clôture » et « Hélicoptère » et bien sûr, « Monsieur Chocolat ».

Mon père m'a toujours dit que si je n'étais pas la première dans quelque chose, ça ne valait pas la peine de le faire. Il n'a donc pas été impressionné quand je l'ai appelé pour lui annoncer que j'avais décroché un deuxième rôle dans un film.

Quand un fruit mûr tombe de l'arbre,
il ne remonte plus sur celui-ci.
Proverbe congolais

À partir de là, les rendez-vous ratés, les appels manqués et les soupers écourtés se sont succédé. Puis, j'ai arrêté de répondre au téléphone et ce fut le silence radio. Nous ne retrouverons jamais ces années perdues. Le temps passé ne se rattrape plus, c'est Barbara qui disait ça.

Je suis seule au milieu des boîtes et je me sens toute petite. Je voyage à travers les souvenirs de mon père. Difficile de croire que son existence se résume maintenant à ces objets et à ces papiers. C'est tout ce qu'il me reste de lui. Bien sûr, il y aura toujours les récits des amis et des gens qui l'ont connu. Et il y aura mes souvenirs, qui finiront malgré moi par se polir au fil du temps. Parce que, comme mon père savait si bien le faire, tout est dans la façon de raconter.

“ ***Ce silence était nouveau pour nous, car il était doux.*** ”

Dans sa chambre d'hôpital, nous avions pris nos habitudes. Chaque matin, à mon arrivée, je faisais du café. Son café que j'allais réchauffer au moins quinze fois. Car plus le temps avançait, plus les médicaments pour soulager la douleur étaient forts et le faisaient somnoler. Et à nouveau, je réchauffais sa tasse, sauf peut-être une fois… ou deux… Au bout de quelques semaines à son chevet, j'étais exténuée. Je ne me donnais pas pour autant le droit de faiblir, car il serait toujours temps de me reposer plus tard… Après.

Une fois le café infusé, nous le sirotions en silence. Ce silence était nouveau pour nous, car il était doux. Il restait alors très peu de temps, mais nous ne le savions pas. Vers 13 heures, les visiteurs commençaient à arriver. Il y avait les habitués, mais aussi les visites ponctuelles que nous sentions être les dernières. Il y avait des paroles sages, d'autres maladroites. Il y avait des prises de mains et, bien sûr, quelques larmes dissimulées. Et il y a eu ce fameux matin avec la notaire qui semblait tout droit sortie de l'université. Il m'a fallu me convaincre de lui faire confiance. L'avenir me prouverait ensuite que j'avais eu raison. Ce matin-là, nous avons fait son testament. Tout à coup, je m'étais sentie adulte, et tout à coup, j'avais vraiment trente-neuf ans.

À trente-quatre ans, je venais de rencontrer mon futur mari. Tout est allé très vite. Quelques mois avant que j'accouche, mon amoureux m'a convaincue de reprendre contact avec mon père et d'offrir un grand-père à notre fils. Il m'a eue par les sentiments. Au bout du fil, j'ai entendu une voix comme ressurgie du passé. Nous nous sommes donné rendez-vous. Mon époux et moi avons fait la route. Au restaurant, les mots étaient maladroits, timides. Mais le gendre était si enthousiaste, il essayait à tout prix de casser la glace. Il avait à cœur de renouer les liens.

Mon père a su saisir sa chance et est devenu un excellent grand-père. Je n'en exigeais rien de moins. Ces années me donneraient l'occasion de découvrir un homme que je ne connaissais pas. Avec mon fils, il était tendre, patient et à l'écoute. Lorsque mon père venait nous visiter à Montréal, il aimait passer de longues heures avec son petit-fils. Ils faisaient d'interminables remontées et descentes d'escaliers roulants au Complexe Desjardins. C'était un grand-père fier. Nous ne connections pas plus qu'avant, mais maintenant nous avions un ancrage commun, Ali, mon fils. Tout serait plus facile désormais.

À l'hôpital, les amis se relayaient à son chevet. Sa chambre devenait souvent un lieu de rassemblement et de festivités. La fin semblait joyeuse. Une fois de retour à

Montréal dans mon quotidien, j'appelais le plus fréquemment possible pour garder le lien. Parfois, il ne pouvait plus parler, alors je devais me contenter d'échanger avec une connaissance bienveillante qui m'informait de son état général et de l'évolution de sa maladie. Puis, un jour qu'il avait dû pressentir la fin, il m'a demandé d'emmener mon fils lors de mon prochain séjour à Rouyn. Bien sûr, mon fils de quatre ans ne comprenait pas le tragique de la situation. Il répétait seulement que papi s'en allait au ciel. En fait, il avait un peu peur de ce papi qui semblait si vieux et qui sentait bizarre. Les câlins, autrefois si naturels, s'étaient faits plus rares. Mais au moins mon père avait revu son petit-fils. Mon garçon me dit parfois qu'il s'ennuie de son papi, et je suis heureuse de savoir qu'il continue d'exister dans son esprit.

Lors de ce séjour, profitant d'un moment d'intimité, mon père m'a confié qu'il ne savait pas vraiment la valeur de ce qu'il me léguait, mais qu'il espérait que je continuerais d'avoir le courage de réaliser mes rêves. Ce qu'il me laissait était en quelque sorte mon billet pour la liberté. C'était son troisième et ultime cadeau. J'ai embrassé mon père. C'était la dernière fois.

Quelques jours plus tard, un vendredi, j'étais à la gare, de retour d'un tournage. Car la vie ne s'était pas arrêtée pour autant, et il fallait toujours payer les factures et donc continuer de travailler. C'était dans ce lieu, entourée d'inconnus, que j'avais reçu un coup de téléphone et qu'on m'avait appris que mon père n'en pouvait plus, que son corps ne tenait plus. Il me fallait venir vite lui dire au revoir, car le lendemain, on le mettrait dans le coma. Je m'étais alors empressée d'acheter un billet d'avion. Mais pas le bon. Dans un anglais approximatif, j'argumentais avec cet employé renfrogné en espérant me faire rembourser. Et à ce moment-là, j'ai craqué. Je n'en pouvais plus moi non plus. Au milieu de ces étrangers, j'aurais voulu que quelqu'un me prenne dans ses bras, j'aurais voulu que tout le monde sache que je me sentais dépassée. Je me suis littéralement effondrée. Je me rappelle avoir regardé vers le ciel pour demander de l'aide, car je n'avais plus de force. À travers mes sanglots, je pouvais entendre l'employé qui s'était adouci, essayant de me consoler et me dire qu'il trouverait une solution.

Je suis arrivée à Rouyn le lendemain matin. On est venu me chercher à l'aéroport pour me conduire à la maison de soins palliatifs, car il avait finalement accepté d'y aller. Et je me suis rappelé ce matin où, après le café, il m'avait dit avoir fait le fameux rêve. Il m'avait alors raconté qu'au Congo, un peu avant de mourir, les gens faisaient un rêve. Dans ce rêve les personnes décédées et importantes de leur vie venaient leur rendre visite pour leur dire qu'ils étaient attendus de l'autre côté et de ne pas avoir peur. Ainsi, mon père s'était senti prêt à accepter sa mort.

> “ ***...je lui ai fait mes adieux. Sans dire un mot, juste avec le cœur.*** ”

À mon arrivée dans cette fameuse maison, tout un comité m'attendait. Je me suis d'abord dit que le personnel était particulièrement chaleureux et accueillant, puis j'ai soudain compris qu'il était trop tard.

Il était parti.

Il ne m'avait pas attendue.

On s'était ratés de dix minutes. Un autre de nos rendez-vous manqués, ai-je pensé.

Les employées m'ont raconté qu'il n'était pas mort seul. Elles étaient en train de le raser. Il devait toujours bien paraître. Et au moment de son dernier souffle, elles lui ont dit de se laisser aller et d'aller faire danser les gens avec sa musique de l'autre côté. Il a emporté avec lui son rire communicatif.

Quand je suis entrée dans la chambre, j'ai senti que mon père était déjà loin. Cette vieille carcasse froide et maigre n'était qu'une écorce. Son âme n'était plus là, elle s'était envolée. Je me suis bercée à ses côtés un bon moment et je lui ai fait mes adieux. Sans dire un mot, juste avec le cœur. De là où il était, il entendait tout.

Le géant s'était endormi.

Un bateau part, mais le port reste.
Proverbe congolais

Maintenant, il me faudrait apprivoiser les nouveaux silences. C'est ce qu'un ami m'avait dit.

Lors de ses funérailles, mon père a été encensé. Pour son parcours, pour sa contribution à la région, pour son engagement culturel et professionnel. Mon éloge funèbre fut bref et honnête. Ni trop glorieux ni trop grinçant. Mes mots étaient plutôt des demi-mots. Parce qu'au fond, je suis pudique, et surtout parce que cette histoire est la mienne.

Dans le sous-sol, je suis seule et des larmes coulent sur mes joues. Je ne terminerai pas d'ouvrir toutes les boîtes aujourd'hui. Ni demain. Je vais en laisser de côté et revenir plus tard. Pour me garder encore des surprises, pour le garder encore un peu près de moi.

Je suis allée porter ses cendres dans le lac comme il me l'avait demandé. J'ai fait une cérémonie improvisée et je l'ai laissé aller. Et sur le chemin du retour, j'ai aperçu un groupe de personnes qui faisaient une fête dans le parc. Je pouvais entendre leur musique. J'ai reconnu la chanson, c'était *Mistral gagnant*, de Renaud. Je ne l'ai jamais dit à mon père, mais dans tout l'univers, ça a toujours été la chanson qui me faisait le plus penser à lui. Et si c'était un signe ? Et si c'était mon père qui me disait merci ?

Anna Beaupré Moulounda termine des études en interprétation théâtrale au Cégep de Saint-Hyacinthe en 2002. Elle travaille depuis comme comédienne (*Le Club Mel*, *100% local*, *14 millions de choses à savoir*, *Survivre à ses enfants*). Humoriste, elle produit en 2018 son premier *one-woman-show* intitulé *Faite au Québec*. Également autrice, elle signe *Sans pays*, sa première pièce de théâtre, qu'elle présente dans plusieurs villes du Québec. Celle-ci est publiée aux Éditions du Quartz. Elle collabore au Projet Stérone, qui connaît un vif succès sur la toile, entre autres avec sa capsule « L-100-K-lisse ». Prochainement, elle sera l'une des interprètes de *Happy Hour*, de sa propre compagnie théâtrale, au Théâtre Aux Écuries.

Crédit photo : Julie Beauchemin
Photo d'enfance : Archives personnelles

MON PÈRE EST PLUS FORT QUE LE TIEN

par Mélanie Couture

M*on père est plus fort que le tien!* Je jouais souvent à ce jeu-là quand j'étais jeune, pour gagner par un argument bidon contre mes amies.

– Mon père est plus fort que le tien!

– Non, c'est le mien!

– Non, c'est le mien!

– Non, c'est le mien parce que mon père à moi est fort, pis en plus y a un fusil!

J'étais assez chiante à ce jeu-là parce que non seulement mon père est grand et fort, mais en plus, il était policier-enquêteur et vu qu'aucune de mes amies n'avait un père lutteur, boxeur ou mafioso, le mien se retrouvait pas mal en tête de liste des hommes menaçants du quartier.

Vers six ou sept ans, je croyais que tous les policiers me connaissaient, parce que j'étais la fille à Vic. Quand j'apercevais une autopatrouille dans la rue, je leur envoyais la main en souriant. Les policiers me renvoyaient toujours mes salutations, ce qui ne faisait que confirmer mes illusions.

Aujourd'hui, je sais bien que les policiers n'étaient que gentils avec une petite fille trop motivée à les saluer en bordure du chemin, mais à l'époque, ça me donnait un sentiment d'appartenance à un clan.

Ce n'est que plus tard que j'ai appris que les patrouilleurs sont de juridiction municipale (ou provinciale), tandis que mon père travaillait pour le fédéral, à la Gendarmerie royale du Canada. Grâce à mon père, je me sentais importante, presque intouchable, dans le quartier. La police n'a jamais représenté l'autorité pour moi, mais bien la protection. Voir les policiers comme les bons et non comme les méchants, c'est un grand privilège et j'en suis consciente.

• • •

Mon père c'est le plus fort, car il ne crie pas.

Peut-être parce qu'il en a rarement senti le besoin.

J'entendais souvent : « Ton père, c'est pas l'genre de gars qu'on écœure ! » Les gens le percevaient comme un gars qu'on ne teste pas, alors j'imagine que moins on te teste, moins tu ressens le besoin de crier.

Il était impressionnant aux yeux des autres enfants, mais à mes propres yeux, mon père c'est, encore à ce jour, un gros nounours. J'imagine que son métier d'enquêteur a fait qu'une fois le pied dans la maison, il passait le flambeau de l'autorité à ma mère. Dans notre famille, c'est elle qui veillait à la discipline. C'est elle qui nous punissait entre deux hectares d'amour. Lorsque nous demandions quelque chose à mon père, il nous disait d'ailleurs souvent : « As-tu demandé à ta mère ? », car il savait que si nous étions devant lui, c'était parce que ma mère avait déjà dit non.

Peu importe les tactiques employées, si on allait s'essayer sur mon père, on ressortait chaque fois bredouille.

Tactique n° 1

– Papa, est-ce que je peux aller chez Mélissa ?

– As-tu demandé à ta mère ?

– Non.

– Va demander à ta mère.

Tactique n° 2

– Papa, est-ce que je peux aller chez Mélissa ?

– As-tu demandé à ta mère ?

– Oui.

– Et c'est quoi sa réponse ?

– Elle a dit non.

– Alors t'as ta réponse.

Tactique n° 3 (Les trente secondes où je me suis trouvée futée.)

– Papa, est-ce que je peux aller chez Mélissa ?

– Est-ce que t'as demandé à ta mère ?

– ELLE A DIT OUI.

– Alors pourquoi tu me le demandes à moi aussi ?

– Ben parce que...

– Moi je pense que tu me le demandes parce que maman a dit non, et que si tu réussis à me faire dire oui, tu pourras dire à maman : « Mais papa a dit oui, lui ! »

– NON, C'EST PAS ÇA !

– Parfait, j'vais aller parler avec ta mère.

– Laisse faire, j'ai pus l'goût d'y aller.

Avoir compris à cet âge-là que mon père était toujours de connivence avec ma mère, et qu'il était formé pour négocier avec les kidnappeurs lors de prises d'otage, je ne me serais même pas essayée. Je partais avec trois prises au bâton, ça ne servait à rien de me présenter.

> « *J'ai vite appris que ce qui fait qu'on respecte son parent, ce n'est pas la crainte.* »

J'ai vite appris que ce qui fait qu'on respecte son parent, ce n'est pas la crainte. Que d'éduquer ses enfants à la militaire, sans leur expliquer les choses, c'est une perte de temps. Tout au long de mon enfance, mes parents ont gagné et conservé mon respect en me rappelant, une fois de temps en temps, qu'ils étaient plus rusés que moi, mais surtout en me démontrant du respect, et en étant fermes et conséquents.

Quand j'étais enfant, tout ce que disait mon père était une vérité absolue. Ça a un peu changé depuis. On a maintenant des divergences d'opinions, et je ne lui fais plus confiance quand il me demande de tirer sur son doigt. Mais toute petite, le soir, lorsqu'il fermait ma porte de garde-robe en m'assurant qu'il n'y avait pas de monstre, je me sentais rassurée. C'est précieux de savoir qu'on a un papa qui nous protège.

• • •

Mon père c'est le plus fort, car il est calme.

Pour moi, mon père, c'est un grand lac paisible. Pourtant, je sais bien que ce n'est pas toujours le cas. Je n'ai d'ailleurs jamais eu la permission de le suivre au boulot, même pendant une « journée carrière ». Je le lui ai demandé une fois et sa réponse fut brève : « Non. Dans mes fonctions, je peux croiser des messieurs pas gentils, ça peut être dangereux et je ne veux pas que tu voies ça. » J'ai effectivement de la difficulté à imaginer papa se battre.

Je tiens mon calme de mon père. En fait, mes deux parents criaient peu, surtout si je les compare à certains voisins. Il y en avait un qui beuglait toujours de sa galerie pour parler à ses enfants et c'était rarement des beaux mots. J'étais contente que mon père vienne nous chercher, lui, lorsque c'était l'heure de rentrer. Sinon, il sifflait. Et sans l'aide de ses doigts. C'est cool quand tes amis sont impressionnés par ton père. Ça te donne le sentiment d'être tombée dans la bonne famille.

“*C'est cool quand tes amis sont impressionnés par ton père. Ça te donne le sentiment d'être tombée dans la bonne famille.*”

Comme tous les papas, il se fâchait, bien sûr, mais plus il était en colère, plus sa voix de baryton descendait. Pour vrai, je ne suis même pas sûre que ces notes-là se trouvent sur un piano. Quand mon frère et moi avions consommé toute sa longue mèche, il lançait un « *Knock it off* » et ça résonnait tellement que même Satan arrêtait ce qu'il faisait: « Pardon, monsieur Couture, c'est beau, j'vais brûler du monde plus tard. »

Pourquoi un juron anglophone ? Parce que Victor Louis Couture, mon paternel, est un Franco-Albertain qui parlait français à la maison et anglais dans les rues d'Edmonton. Ma théorie, c'est que lorsque vient le temps d'imposer sa manière de faire, même si c'est à ses enfants, son « *street langage* » ressort.

• • •

Mon père est le plus fort, car il n'est pas sexiste.

Je crois qu'il l'a été jadis, comme un « homme de son temps », un homme né peu après la Deuxième Guerre mondiale. Mais au contact de ma mère et avec notre société, il a évolué.

« *Avec mon père, je n'avais besoin de personne pour me sentir grande, je l'étais déjà.* »

Lorsque j'étais enfant, il ne m'appelait pas sa « petite fille » ni sa « petite princesse ». Il m'appelait « bébé ». Ça peut sembler anodin, mais avec le recul, je crois que ça a en partie forgé qui je suis. Notre relation n'a jamais été basée sur notre différence de sexe, mais bien sur ce lien unique parent-enfant. Il était le même papa avec mon frère. Alors quand certaines de mes amies étaient heureuses d'être la princesse à papa, pour moi c'était comme si elles devaient attendre le prince charmant pour grandir. Avec mon père, je n'avais besoin de personne pour me sentir grande, je l'étais déjà.

Toutefois, je ne crois pas que c'était conscient de sa part, je pense qu'il m'a simplement transmis ce que ma mère nous transmettait aussi. Il est tombé amoureux d'une femme forte qui a combattu les inégalités et c'est ce qu'il devait souhaiter pour sa fille : un monde égalitaire. *Thank God* pour maman ! Et merci papa !

Mon père est un homme de peu de mots, alors lorsqu'il m'en adressait, je les chérissais. Il ne m'a jamais fait de *peptalk* assis au bord du lit avec des phrases du genre : « Ma fille, tu peux faire tout ce que tu veux dans la vie, ne laisse aucun homme te dire le contraire… » (Ça, c'est ma mère qui l'a fait avec beaucoup de talent.) Non, mon paternel est un homme d'action et quand venait le temps de passer aux actes, j'avais le droit de faire tout ce que mon frère faisait, sans exception !

Étant donné que j'étais une plaie qui collait aux mollets de mon grand frère, j'ai pratiquement tout fait comme lui. Et voilà, on m'avait enseigné l'égalité des sexes avant même que je sache que les femmes étaient sous-représentées dans les sphères de pouvoir et qu'un plafond de verre existait.

– Papa ! Moi aussi je veux attraper la balle avec un gant de baseball.

– Parfait, après ce sera ton tour.

…

– Papa ! Moi aussi je veux faire un tour de moto !

– Embarque !

…

– Papa, moi aussi je veux goûter à ta bière !

– Tu peux goûter, mais tu n'aimeras pas ça.

(Effectivement mon frère et moi avions trouvé ça dégueulasse ; j'avais neuf ans, mon frère onze.)

…

– Papa ! Moi aussi je veux faire du *skate* !

– Essaye celui de ton frère pis si t'aimes ça, on t'en achètera un.

J'ai descendu une entrée de maison et quand je me suis mise à prendre de la vitesse, j'ai paniqué et je me suis garrochée en bas de la planche. Je n'ai jamais su comment freiner, je l'ai donc fait avec mes genoux en les râpant sur l'asphalte. Ma mère qui m'avait demandé d'enlever mes nouveaux jeans avant de sortir jouer m'a réprimandée, et avec raison, car je les ai rapportés troués. Je n'ai plus jamais fait de planche à roulettes et ma mère a rapiécé mes jeans avec un *patch* affreux que j'ai porté toute l'année.

“ Savoir que j'avais le droit, c'est tout ce que ça me prenait pour sentir que j'avais autant de valeur que n'importe qui. ”

On m'aurait laissé faire si j'avais adoré faire du *skate* et c'est ce qui compte. Savoir que j'avais le droit, c'est tout ce que ça me prenait pour sentir que j'avais autant de valeur que n'importe qui. Ça m'a donné une voix. Une voix pour protester quand mon frère et ses amis ne nous laissaient pas jouer à la guerre, mes amies et moi, sauf si on faisait les infirmières.

J'ai usé de cette même voix quand mon école secondaire a mis en place une équipe de volleyball masculine et refusait, sous prétexte de manque de fonds, de faire une équipe de volleyball féminine. On l'a eue, notre équipe, à force de protester auprès du directeur. Encore aujourd'hui, quand les inégalités se pointent, je ne me gêne pas pour le dire. Les racines de la confiance en soi poussent tôt dans une vie, même quand tu prends une débarque en *skate*.

• • •

Mon père c'est le plus fort, car il me laisse vivre.

Il ne s'oppose jamais à mes projets, même les plus controversés qui pourraient faire friser les oreilles de certains membres de sa famille. Il est parfois en désaccord, mais il me fait confiance. Il l'a toujours fait. Mon père a simplement toujours embrassé toutes les facettes de ma personnalité, car je crois qu'il voyait que je faisais les choses avec passion. Enfant, je m'investissais autant dans mes scénarios de *La Guerre des tuques* que dans ceux de la grande villa de Barbie.

Faut dire que mes Barbie étaient cool. Elles étaient détectives privées, docteures, directrices de banque, parachutistes, astronautes... Ma Barbie préférée était inuite, je la trouvais sublime avec ses longs cheveux noirs et son manteau d'hiver blanc. Dans ma tête, elle était médecin pour les lutins du père Noël. Juge-moi pas, j'avais sept ans.

Le soir, je couchais Ken et Barbie nus en position 69. Je leur souhaitais bonne nuit en me disant: «Il ne faut pas que mon papa ouvre la porte du garde-robe.» C'était normal de faire l'amour chez nous, mais quand même gênant d'en parler avec mon père.

C'est ma mère qui a fait mon éducation sexuelle. Rarement mon père s'y est attardé. Quand j'étais jeune, il me répétait inlassablement avec humour: «Je prépare un questionnaire et je vais le faire passer à ton premier chum. S'il le coule, il ne pourra pas rentrer dans la maison.» C'est pas mal les seules allusions qu'il a faites à ma vie amoureuse et sexuelle. Toutefois, une des conversations marquantes que j'ai eues avec lui, avant même que le sujet soit sur les lèvres de tous les médias, est celle sur les proxénètes.

– Avant qu'on te laisse aller seule au centre d'achat ou aux arcades, je veux te dire que je n'aime pas beaucoup ça.

– Pourquoi? J'ai quatorze ans!

– Je sais, mais t'as l'air plus vieille et y a des gens qui se tiennent là qui ne sont pas de bonnes personnes. Y a des gars un peu plus vieux qui sont gentils avec les jeunes filles comme toi. Ils vont vouloir te gâter, ils vont t'acheter des cadeaux pour t'impressionner...

– Si c'est Jordan des New Kids on the Block, m'a être contente.

– Ce ne sera pas Jordan, ça va être un *pimp*.

– C'est quoi un *pimp*?

– C'est un mauvais gars qu'on veut mettre en prison parce qu'il recrute des filles, qu'il leur paye des affaires, pis après il les force à se prostituer ou à danser nues pour rembourser ce qu'il leur a acheté.

– C'est ben dégueulasse !

– Oui. Ils sont fins au début pis après ils sont dégueulasses. Alors, s'il y a un garçon plus vieux que tu connais pas, qui est tout gentil avec toi, dis-toi que c'est pas normal. Y a pas un gars de dix-neuf ou vingt ans qui devrait s'intéresser à une fille de quatorze ans. Si c'était vraiment un bon gars, les filles de son âge sortiraient avec et y aurait pas besoin d'approcher une fille de ton âge.

– Ouin, bon point.

– OK, vas-y, mais sois prudente.

“ ***…j'ai eu dans ma poche arrière des connaissances qui me rendaient plus puissante.*** ”

T'entends le discours du flic ? Je me suis sentie privilégiée, comme si j'avais accès à des informations *top secret*. Des infos qui faisaient de moi une personne moins naïve, moins vulnérable. À partir de ce moment-là, j'ai eu dans ma poche arrière des connaissances qui me rendaient plus puissante. Tous les pères devraient avoir ce discours avec leur fille. Ça devient encore plus significatif quand ça sort de la bouche d'un homme en qui on a confiance. Policier ou non.

• • •

Mon père c'est le plus fort parce qu'il écoute.

Il parle peu, mais il sait écouter. Surtout dans la chaloupe de pêche. Il aurait pu me dire: «Chut! Tu effraies le poisson», mais pêcher n'avait pas tant comme objectif principal de faire un souper à la truite. Du moins, je le crois. C'était plutôt l'endroit où on rechargeait nos batteries lui et moi.

Pourtant, sur le lac, pendant des heures, je parlais de choses qui devaient être tellement ennuyantes pour un adulte…

– Julie pis moi on s'est appelées l'autre jour pis on s'est habillées pareil pour aller à l'école.

– Ah oui, pareil?

– Oui, les deux des jeans pis un chandail rouge, c'était drôle.

– Hmmm.

– Marie était fâchée parce qu'on l'avait pas appelée.

– Ah…

> ***“ J'ai été éduquée par un homme qui offre son respect aux humains. ”***

Parfois, je me demande comment il a fait pour ne pas s'endormir à écouter mes histoires, pis après je repense à Jacques. Quand tout le monde s'éloignait de Jacques, le monsieur bizarre à l'aréna, mon père lui lançait: «Salut, monsieur Jacques! Ça va?» Il l'appelait par son nom, il lui souriait et il prenait surtout le temps de l'écouter. Moi, à huit ans, je trouvais que Jacques puait et qu'il faisait peur. Jacques n'avait plus de dents, il marmonnait tout le temps assis à la table de la cantine, en mangeant des patates frites ou en mâchouillant un cure-dents. Encore aujourd'hui, ça reste un mystère, pourquoi il aimait tant les cure-dents. Souvent, je lui demandais :

– Qu'est-ce qu'il a dit, papa ?

– Je l'sais pas.

Pourtant, on venait de passer dix minutes à côté de Jacques le puant. Je me disais : « Il est gentil, mon papa, de l'écouter. Il a le nez bouché, mais il est gentil. »

J'ai été éduquée par un homme qui offre son respect aux humains. Peu importe d'où tu viens, que t'aies vingt ou quatre-vingts ans, il emploiera le « vous » pour s'adresser à toi la première fois. Il t'ouvrira la porte, aidera une dame avec son sac et parlera avec un jeune comme s'il était un adulte. Il aurait pu devenir méfiant avec les horreurs qu'il a croisées en service, mais non, il est resté un genre de cowboy gentleman bon vivant, qui aime écouter les gens.

• • •

Quand la force s'effrite…

Je le vois bien, la vie rattrape mon père. Rien de grave, mais des années à enseigner le tir d'arme, ça te magane une ouïe. Il a toujours été le genre de père à qui on dit deux-trois phrases au téléphone en attendant le « je te passe ta mère ». Depuis quelque temps, il me la passe plus rapidement encore, s'il ne porte pas son appareil auditif. Plus jeune, il pouvait suivre trois conversations en même temps. Aujourd'hui, il manque parfois celle qui se déroule directement en face de lui lorsqu'il ne peut lire les lèvres de celui qui parle ou quand il y a trop de bruits ambiants. J'ai un papa cool qui fait de la moto et du sport, qui enquêtait sur des crimes, qui aime sa femme depuis cinquante ans et qui aime encore plus ses enfants. J'ai gagné à la loterie des papas, mais contrairement à de l'argent, je ne peux pas placer mon père à la banque en espérant le retirer pour mes vieux jours. C'est maintenant que je dois en profiter. Il vieillit et j'essaie de ne pas trop y penser, car l'idée qu'il nous quittera un jour m'écrase le cœur et me coupe un peu le souffle. À tous coups, je pleure. Alors, je savoure encore son énergie, sa grandeur et je veille vraiment fort à ce qu'il les transmette le plus possible à mon garçon. J'ai eu mon fils sur le tard, comme on dit. J'avais pratiquement quarante ans quand il s'est montré la binette. Mon petit bout d'chou a quatre ans maintenant, et je sais qu'il a tout à gagner à être en présence des forces tranquilles de mon père. Celles qui m'ont guidée et qui me guident encore aujourd'hui.

> **« *J'ai gagné à la loterie des papas...* »**

Love you Dad xx

Mélanie Couture est humoriste ;

Autrice du best-seller 21 *amants sans remords ni regrets* ;

Bachelière en sexologie ;

Porteuse du titre de « maman » et « belle-maman » dans sa famille reconstituée ;

Et surtout fière d'avoir chanté le solo *D'où viens-tu, bergère* ? pendant la crèche vivante de Noël en troisième année avec un manteau de faux mouton.

Crédit photo : Gabriel Cohen
Photo d'enfance : Archives personnelles

PARLONS-NOUS QUAND MÊME

par Annie Deschamps

Mon père est un grand homme.

Pas grand comme un joueur de basket, non. Dans son temps, il n'y avait pas d'hormones dans le poulet, puis à son âge vénérable, aujourd'hui, il rapetisse.

Lorsqu'on le regarde, pourtant, on dirait qu'on doit incliner la tête vers l'arrière. Ce n'est pas parce que c'est mon père qu'il se retrouve sur un piédestal. Le Québec l'a placé là après un *Osstidcho*[1] et on refuse de le laisser descendre, même s'il n'a pas l'air d'aimer ça, là-haut. Peut-être qu'un homme du peuple n'est bien que parmi les siens ? Il est toujours sur ce piédestal malgré lui, usant le plancher comme celui de la salle Maisonneuve de la Place des Arts où il a donné des centaines de représentations (jusqu'à sept par semaine dont deux le samedi), tellement que le devant de la scène en est déformé. On suggérait

1. Le spectacle *L'Osstidcho* avec Robert Charlebois, Mouffe, Louise Forestier et Yvon Deschamps, présenté au Théâtre de Quat'Sous en 1968, demeure l'un des plus marquants de l'époque. C'est durant ce spectacle qu'Yvon Deschamps a fait ses premiers monologues : *Les unions qu'ossa donne* ? et *La violence*.

aux artistes solos, même dans les années 2000, de ne pas se tenir là. C'est la place d'Yvon...

Même au Mexique et aux États-Unis, on le traite comme une bonne personne. Il a cette aura, ce charisme. On lui serre la main. On le regarde dans les yeux. J'ai moi-même vu plusieurs policiers s'excuser de lui donner une contravention, même hors Québec. Pour moi, ses superpouvoirs sont l'authenticité et la bienveillance.

Qu'on le perçoive comme un demi-dieu, un philanthrope, ou juste un autre humoriste, pour moi, c'est avant tout mon père. Tout ce qu'on voit dans son regard parfois scintillant, parfois rieur, plein de fragilité et de force tranquille, c'est ce que je vois. Mais qu'y a-t-il dans ses yeux lorsqu'il me regarde, lui ? De l'appréhension ? De la peine ? De l'amour ? On apprend à « lire » nos parents, à interpréter leurs non-dits, leurs émotions, à les sonder. Mais lorsqu'il n'y a pas de communication ouverte, ce qu'on perçoit peut être complètement erroné.

“ ***Qu'on le perçoive comme un demi-dieu, un philanthrope, ou juste un autre humoriste, pour moi, c'est avant tout mon père.*** ”

Je suis le premier enfant : je n'ai pas plus su être sa fille qu'il n'a su être mon père. Ça devait être un brin surprenant pour lui, qui voulait des enfants depuis sa vingtaine, de se retrouver à quarante-deux ans devant une petite fille qui n'a jamais pu se laisser entièrement apprivoiser.

Il faut dire que notre famille avait une réalité assez singulière par rapport à la majorité des Québécois. Sans cesse, tout plein d'étrangers gravitaient autour de nous, entrant dans sa bulle, dans *notre* bulle. Des inconnus qui, parce qu'il avait les cheveux gris, pensaient qu'il était mon grand-père, et parce que j'avais les cheveux courts et une salopette jeans, croyaient que j'étais son petit-fils. Ces étrangers qui étaient tous plus confortables avec mon papa que moi, son enfant. Tellement plus confortables que j'aurais aimé qu'ils se gardent une petite gêne. Tellement plus confortables que ça me fâchait, aussi, parfois. *Vous agissez comme s'il était votre meilleur ami et vous ne savez même pas que je suis une fille, SA fille ? Je suis peut-être mal à l'aise avec lui, mais c'est* MON *papa d'amour* ! Lorsqu'il lâchait ma main pour parler avec un admirateur, je lui prenais aussitôt la jambe pour me sentir en sécurité.

« *Lorsqu'il lâchait ma main pour parler avec un admirateur, je lui prenais aussitôt la jambe pour me sentir en sécurité.* »

Plutôt que de continuer à marcher après avoir envoyé un salut, il acceptait de connecter avec ces gens. Les regarder dans les yeux. Écouter leurs histoires, leurs problèmes. Recevoir leurs témoignages d'amour, d'admiration, de mécontentement. Ces gens étaient libres avec leurs sentiments, pourquoi est-ce que je n'arrivais pas à faire de même ? Papa acceptait même du change de leur poche pour l'aider avec Oxfam-Québec, ou dirigeait leur attention vers Le Chaînon, le Défi sportif ou l'Association sportive et communautaire du Centre-Sud. Pourquoi faisait-il tout ça ? Parce que pour lui, il était juste un gars de Saint-Henri qui, par un concours de circonstances, est devenu le porte-parole de tout un peuple, dans le temps où l'on passait de *Speak white* à Vive le Québec libre ! J'avais l'étrange impression que papa leur laissait un petit morceau de lui-même à chaque rencontre.

> **“ *Ça va être difficile pour toi, la vie. Tu es comme moi.* ”**

De temps en temps, les yeux de ses *fans* tombaient sur moi. Ça donnait : « Tu ressembles tellement à ta mère ! », ou « Ben, voyons ! C'est le portrait craché de son père », ou encore « Aye ! Yé-tu drôle comme ça à maison ? »

Moi : « Non. »

Je les haïssais, quelque part, ces gens. Le peuple, son peuple. Ceux qui ont vécu de la même façon que lui. Ceux qui se sont posé les mêmes questions et ont défendu les mêmes causes. Ceux qui ne pouvaient pas se faire servir en français au centre-ville de Montréal, ceux qui sont nés pour un petit pain, mais qui en ont voulu plus. Ils se comprennent. Moi, parmi eux, je suis une petite fille gâtée pourrie. Tout le monde le disait en riant. J'imaginais avoir fait quelque chose de mal, mais je ne savais pas quoi.

Mon père et moi, on se rejoint profondément, et en même temps pas du tout. Étant maman de trois enfants, je retrouve certains de mes traits de caractère et d'autres de leur papa en eux. Et ce n'est pas toujours ceux qu'on aurait aimé leur léguer.

Un des moments qui a particulièrement marqué mon enfance, c'est le jour où papa m'a dit: « Ça va être difficile pour toi, la vie. Tu es comme moi. » J'ai compris, sans vraiment mesurer la portée de ce qu'il disait. Papa avait la corde de l'angoisse au cou et l'inconfort facile. Ça explique en partie pourquoi il est si brillant. Il voit, il saisit, il ressent la détresse des autres. L'empathie est un phénomène très « humain », et mon père, ç'en est tout un. Je ne brille peut-être pas aussi fort que lui, mais j'ai ces traits de caractère-là.

L'inconfort, qui est resté omniprésent dans ma vie, est venu m'habiter avant même mon premier souvenir. On m'a raconté que j'ai toujours eu de la misère à montrer mon affection; pourtant j'en avais grandement besoin, même si je n'ai jamais aimé les contacts physiques.

À bien y penser, avoir des parents qui travaillent selon des horaires irréguliers et qui partagent peu de leur vie (ce qu'ils font, où ils sont, quand ils vont rentrer à la maison), ce n'est vraiment pas l'idéal pour un enfant insécure. D'ailleurs, ce que j'aimais le plus la nuit, c'était entendre du bruit au premier étage de la maison ou me faire chanter des chansons. Je me souviens que je parvenais enfin à me détendre une fois qu'ils étaient là. J'aimais tellement me laisser bercer au son de *Partons, la mer est belle*, ou *À la claire fontaine*!

Le quartier ouvrier de Saint-Henri, d'où venait papa, était peuplé de francophones, d'Irlandais et d'autres immigrants qui vivaient dans la pauvreté. De l'autre côté de la voie ferrée se trouvait la ville de Westmount où les riches, en très grande majorité anglophones, possédaient de grosses maisons en brique avec plus de salles de bains que d'enfants. Ça devait être quelque chose pour papa, après toutes ces années à s'imaginer vivre de l'autre côté de la *track*, de réussir à élever ses propres enfants dans la prospérité sur la montagne pour se rendre compte qu'ils peuvent vivre avec les mêmes malaises et blessures que ceux qu'il avait ressentis dans l'appartement de la rue Agnès à Saint-Henri. Là où il faisait si froid que sa mère mettait le Jell-O sous le lit double qu'il partageait avec ses deux frères pour qu'il fige durant la nuit. Au final, que tu sois à Saint-Henri ou à Westmount, si tu es mal dans ta peau, si tu ne fais pas partie de la «famille À l'aise», Le Bonheur risque de finir chez le voisin.

“ …si tu ne fais pas partie de la «famille À l'aise», Le Bonheur risque de finir chez le voisin. ”

Papa semblait plus détendu lorsque nous étions à la campagne en famille. C'est comme si voir huit enfants autour de lui courir, crier, jouer, rire, se chamailler, faire des forts, sauter dans l'eau et manger sans arrêt lui faisait oublier la mélancolie qui pouvait l'habiter. Mes cinq cousins ontariens (qui s'ajoutaient à nous trois) le trouvaient merveilleux. Non seulement papa se souciait de nous et nous faisait rire constamment, mais en plus, il jouait avec nous. Il inventait des histoires avec des personnages que nous lui imposions. Les Tortues Ninja et les Calinours contre des princesses qui faisaient du *breakdancing*? *Once upon a time...*

J'étais une enfant moins «tannante» que papa l'avait été. À en croire ses frères, il était une légende du mauvais coup. À l'adolescence, s'il volait des autos pour faire un p'tit tour (les remettant à leur place après), j'ai moi-même dérapé d'une tout autre façon. Par chance, mes parents nous ont toujours gardés le plus loin possible des médias et ils ont fait en sorte que les magazines à potins nous laissent tranquilles, mes sœurs et moi.

J'ai eu une adolescence difficile. J'étais une jeune fille introvertie qui avait l'air extravertie, dégoûtée de ne pas pouvoir être heureuse avec ce qu'elle avait. Dépressive, tout en étant consciente de sa chance. Tant de contradictions. À cette époque, la communication avec mes parents était presque nulle. Pas du tout préparés, c'est comme s'ils avaient cherché à l'ignorer jusqu'à ce que ça passe.

> **“ *...si je regarde tout ce qu'il a fait, il était définitivement présent pour moi.* ”**

Mes rapports avec mon père étaient particulièrement difficiles à cette époque. Pourtant, c'est un homme merveilleux. Le Québec au complet semblait aller vers lui sans problème! J'ai alors décidé de changer les choses. J'ai commencé par aller chercher ses câlins, à déposer ma tête sur son épaule, même si j'étais une adolescente habillée en noir qui croyait qu'il se foutait un peu de moi. J'aurais aimé qu'il me parle plus souvent! Pourtant, si je fais abstraction de tout ce qu'il n'a pas dit et que j'aurais aimé entendre, et si je regarde tout ce qu'il a fait, il était définitivement présent pour moi.

Cher papa, tous les soirs où tu te couchais aux petites heures, attendant que je rentre, et qu'on montait l'escalier ensemble, sans un mot, pourquoi est-ce que tu n'as jamais osé me demander où j'étais ? Ce que je faisais ? Je voulais des preuves de ton amour, et pourtant, il y en avait partout dans ma vie. Une simple conversation aurait pu tout changer, aurait pu m'ouvrir les yeux. Mais moi non plus, je n'osais pas te parler. Dans ma tête, tu savais tout. Je le voyais dans tes yeux. Et dans tes yeux lorsque tu me regardais, je voyais aussi de l'inquiétude, celle qui donne ce mal de ventre que ressentent les parents en pensant à leurs enfants qui pourraient mal virer. C'était de l'amour, n'est-ce pas ? En fait, on était deux nonos qui ne se parlaient pas ; par peur de savoir, peur de s'ouvrir, peur d'ouvrir le robinet des émotions et de risquer de choisir les mauvais mots…

Finalement, après un événement hautement traumatisant, j'ai fini le secondaire entre cauchemars, dépression et irresponsabilité. Je ne comprenais pas ce qui m'arrivait. Les problèmes de santé mentale, c'était pour les autres. Pour les gens qui avaient eu une vie réellement difficile, pas pour les petites connes qui ont eu tellement de chance qu'elles auraient dû danser et chanter chaque jour de leur vie. Je n'avais pas de mot pour décrire cette anxiété qui me polluait. Je ne savais pas mettre mes sentiments en mots. Une chose était claire : c'était moi le problème et j'avais honte. Alors j'essayais de jouer le rôle de quelqu'un de « normal ». Papa, lui, pouvait bien vivre des épisodes paralysants d'angoisse. Il avait le vécu adéquat pour ça, lui.

J'ai quand même essayé de m'intégrer dans la société. Un peu de cégep, parce que tsé, et vite une p'tite job avant que ça devienne gênant… Mais la réalité, c'est que j'avais de la misère à rester debout. Je voulais rester couchée et ne plus sortir de ma chambre. Faire un cocon sous la terre et absorber son énergie pour peut-être renaître assez forte pour me tenir sur mes pieds. Mon cerveau ne pouvait pas gérer mes souvenirs, mes émotions et les petites voix méchantes qui m'empêchaient de fonctionner. Des mois et des mois de *Juste un autre jour. Un autre jour et je vais avoir une idée. Savoir quoi faire. Un. Autre. Jour.*

“ ***Mais j'allais mal, culpabilisant de ne pas être à la hauteur de ma chance.*** ”

Démunis devant cette ado qu'ils ne comprenaient pas, papa et maman ne me parlaient pas. Ils ont tous les deux travaillé à treize ans. Comment se rejoindre alors qu'ils n'ont jamais eu le luxe de vivre leur adolescence ? Alors la vie a continué, les années ont passé. J'avais deux jeunes sœurs qui vivaient leur vie pendant que moi, je ne bougeais presque pas. Ma vie me semblait déjà ratée. « Si je reste sur Terre, les répercussions de ce qui m'est arrivé vont me suivre indéfiniment. » C'est difficile à accepter. Je n'en parlais pas, bien sûr. Mais j'allais mal, culpabilisant de ne pas être à la hauteur de ma chance. De rendre mon père, que j'admire tant, plus inquiet que fier. Après tout ce qu'il avait fait pour sa famille, ça aurait été le fun qu'il puisse réellement relaxer un jour.

Au début de l'an 2000, avant de commettre l'irréparable, je me sauve au Mexique sur un coup de tête. J'ai vingt et un ans. J'ai peut-être peur de voyager seule, mais j'ai encore plus peur de rester chez moi. Je veux apprendre l'espagnol, me changer les idées, être quelque part où personne ne me connaît. Une fois là-bas, je me sens tellement mieux ! Je fonctionne ! Les gens autour de moi m'apprécient ! J'apprends vite. En quelques semaines, j'écris correctement et je parle assez bien pour tenir des conversations. Peut-être que je suis encore bonne à quelque chose ? J'écris à mes parents à quel point je vais mieux. Je commence à voir la lumière au bout du tunnel.

Par un concours de circonstances, je me retrouve enceinte d'un jeune homme qui voulait tenir ma main et me chanter du Beatles, avec une guitare (et une voix) mal accordée. Lorsque j'ai appris la nouvelle, j'étais de retour à Montréal, en visite avec l'amoureux. Papa était en Suisse pour le festival d'humour de Montreux. Pas de jugement ouvert, il semblait content, même si ma plus jeune sœur entrait à peine dans l'adolescence et que ma nouvelle petite famille allait devoir habiter dans la maison familiale jusqu'à ce que mon compagnon gagne le droit de travailler ici. De toute façon, je ne pouvais pas imaginer commencer une famille loin des miens.

Papa a été exemplaire. Il a essayé de m'aider, de nous aider à maintes reprises. On s'assoyait souvent autour de la table de cuisine pour élaborer des plans de vie qui ont du sens. Pour commencer, il fallait partir. Une fois installée dans ma vie d'adulte avec un appartement et un travail dans un centre d'appels, j'ai constaté que je n'arrivais toujours pas à fonctionner adéquatement en tant qu'humaine/adulte/personne, même si j'aimais mon rôle de maman plus que tout. J'espérais que ce soit dû au manque de sommeil.

J'ai tout fait pour être présente pour mes enfants. J'ai d'ailleurs réussi à avoir une excellente relation avec eux en établissant tant bien que mal une communication ouverte. Toutes les conversations, difficiles ou drôles, que nous avons eues ont tissé des liens plus forts entre nous. Mon mari, lui, ne communiquait pas ouvertement, par contre. Il nous cachait des choses, ses sentiments. Je voyais bien qu'il ne m'aimait pas, qu'il ne s'impliquait pas, ne travaillait pas. Mais il refusait de partir. Moi et mon cerveau zéro optimal, nous nous sommes donc retrouvés responsables des enfants, des tâches ménagères (que je déteste) et de faire vivre toute une famille, alors que je n'avais qu'un diplôme d'études secondaires. Bref, je portais seule la charge mentale et émotionnelle de la famille au complet. Je suis un peu virée folle, comme on dit.

Lors d'un souper avec mes parents et mes deux jeunes garçons, au détour d'une conversation, j'ai confié que j'aurais aimé aller à l'école de l'humour. Mon père m'a aussitôt encouragée, ce que je n'aurais pas osé imaginer. J'avais été mal une si grande partie de ma vie que pour moi, l'humour était nécessaire, mais pas un choix possible de carrière. Surtout pas en tant que maman. Et pourtant… Pourtant, j'y suis entrée après la naissance de ma fille et ce fut l'une des expériences les plus enrichissantes de ma vie. J'utilise ce que j'y ai appris chaque jour. Pour la première fois, j'ai eu l'impression de pouvoir faire quelque chose pour moi.

> *« Je suis contente d'avoir compris avant d'avoir des enfants que la communication est primordiale dans une famille. »*

Quelques années après, au milieu de ma trentaine, j'ai enfin été diagnostiquée : je souffrais d'un trouble dépressif persistant. Le médecin que j'ai rencontré ce jour-là m'a sauvé la vie.

J'ai compris que j'avais fait plusieurs grosses dépressions. Mes parents ont été surpris, eux aussi. Dans le temps, on ne savait pas vraiment qu'une dépression n'était pas la même chose qu'une déprime. Que les hormones étaient responsables en grande partie. Ils se sont excusés de ne pas avoir compris, et j'ai dû aussi me pardonner à moi-même. Plus tard, j'ai appris que j'avais un trouble anxieux, et un déficit d'attention sans hyperactivité qui rendait mon quotidien encore plus difficile.

Là encore, j'ai eu du mal à accepter le fait que je sois si imparfaite. Je me suis excusée plusieurs fois chez la docteure de ne pas pouvoir arrêter les pensées suicidaires malgré ma grande chance. J'ai des parents qui sont des personnes exceptionnelles. Un toit. De la bouffe dans le réfrigérateur. J'ai les meilleurs enfants du monde ! Je pratique même activement la gratitude (comme l'a popularisé Oprah). Est-ce que TOUT est TROP ? Oui, bonyenne ! Mais c'est la vie, hein ?

Quand j'y pense, des deux côtés de ma famille, on retrouve ce « syndrome de l'artiste torturé ». Papa, trois mois avant de gros spectacles ou des apparitions publiques, était tellement loin dans sa tête, pris par ses propres angoisses, qu'il n'entendait plus rien, comme s'il avait délibérément bloqué les voix de mes sœurs, ma mère et moi. Il errait dans la maison ou restait assis devant la télé, comme en transe. Il a fini par en parler en entrevue, mais il ne se confiait pas à nous directement dans le temps. Le gars plein de talent, de succès et d'intelligence est le même gars qui a enlevé l'entracte dans ses spectacles parce qu'il avait trop peur que les gens ne reviennent pas pour la seconde partie. Et malgré tout, il a réussi sa vie.

> **“ *Je parle beaucoup dans la vie pour rendre les gens plus à l'aise, pour faire rire, mais lui, je veux l'écouter.* ”**

Une fois devenues adultes, mes sœurs et moi, les conversations ont peu à peu évolué chez nous. Je suis contente d'avoir compris avant d'avoir des enfants que la communication est primordiale dans une famille. On y a travaillé, et je me suis tranquillement ouverte à mes parents. Ça a pris du temps. Pendant des années, chaque fois que j'essayais, on aurait dit que je leur régurgitais un tas de douleur mal digérée au lieu de trouver les bons mots.

Comment prendre les problèmes de ses enfants au sérieux quand ils semblent si petits comparés à ceux qu'on a vécus ? Comment comprendre qu'ils puissent avoir des difficultés alors qu'ils ont la vie d'apparence beaucoup plus facile que nous à leur âge ? Je vois le même genre d'obstacle dans certaines familles immigrantes, entre la première et la deuxième génération.

C'est lorsque mon père a eu autour de soixante-dix-huit ans que j'ai commencé à le voir heureux. Très heureux. Et pas seulement de temps en temps, entre l'angoisse et les obligations et l'entraide. Je me suis alors dit que, moi aussi, j'aimerais être heureuse un jour, et je me suis mise à voir le bonheur autour de moi, à l'inviter chez nous, pour prendre un p'tit lunch.

La vie me semble plus facile, même si mes responsabilités n'ont pas changé. Pourtant, je crois avoir réussi. L'année 2019 a été la première où j'ai ressenti de la joie pour vrai. Maintenant, je la partage avec mes parents et mes enfants. Je ne voulais pas me comparer à mon papa, qui est la meilleure personne que je connaisse, mais le fait qu'il ait fait des faillites et tant de folies, ça m'a aidée. Si lui a pu faire tant d'essais qui n'ont pas fonctionné, c'est que j'ai le droit de faire des erreurs moi aussi, non ?

Je suis reconnaissante que mes enfants, maintenant grands, côtoient mes parents. Leur relation est si spéciale. Si on demandait à mes enfants ce qu'ils aiment le plus dans la vie, ils diraient « écouter papon parler ». Ça n'arrive pas très souvent, mais quand mon papa ouvre sa bouche, on ferme la nôtre. Je parle beaucoup dans la vie pour rendre les gens plus à l'aise, pour faire rire, mais lui, je veux l'écouter. Une nouvelle histoire ? Une histoire que j'ai entendue vingt fois ? Des nouvelles ? Des confidences ? Son opinion ? On absorbe tout ce qu'on peut, il a toujours quelque chose à nous apprendre. Que ce soit sur la crise du logement à Montréal, La Roulotte, ses fous rires au théâtre, ses échecs, ses folies (comme acheter un restaurant avec l'argent de sa belle-mère sans même en parler à sa femme de l'époque), son besoin de redonner à la communauté (gouvernements, vous pouvez arrêter de venir vérifier, oui, il donne tant que ça !), etc. On veut tout entendre. Et vous devriez voir comment il regarde mes enfants et comment mes enfants le regardent, surtout quand il raconte ses mauvais coups ! Voir grandir ces êtres humains extraordinaires et reconnaître en chacun d'eux un peu de leur papon, ça me réconcilie beaucoup avec moi-même. Une des choses que j'affectionne le plus chez mon papa ? Qu'il ne se prenne pas au sérieux. Ce n'est pas parce qu'on est brillant que l'on ne peut pas être nono. Le gars qui a écrit *Aimons-nous*, c'est aussi le gars qui a écrit *Les fesses*, bien que cette chanson contienne aussi une vérité universelle importante :

Y en a des grosses, y en a des plates, y en a des fermes, y en a des slacks.

Y en a des rondes, des p'tites carrées, y en a pour s'asseoir, d'autres pour s'amuser.

(…) *Y en a des belles à regarder, y en a qui sont à éviter, mais qu'on aime ça, qu'on n'aime pas ça, si y en avait pas, on s'rait pas là !*

Lui et moi, on s'apprivoise encore et toujours. Il n'a jamais arrêté d'apprendre, et moi non plus. On fait de notre mieux. Je suis fière d'être sa fille et, un jour, j'aimerais qu'il puisse être réellement fier d'être mon père.

Annie Deschamps est éducatrice, animatrice, autrice, humoriste et enseignante de ballet classique. Elle donne des ateliers de théâtre et d'improvisation pour les enfants et fait partie du spectacle *Noël chez les Deschamps* avec sa mère et ses sœurs. Elle étudie l'enseignement aussi, parce que tant qu'à faire beaucoup trop de choses...

P.-S. – Ses enfants Antoine, Charles et Camille sont merveilleux. Les hamsters qui vivent dans sa tête le sont moins.

Crédit photo : Annie Deschamps
Photo d'enfance : Archives personnelles

LE RING DU PACHA

par Audrey Guériguian

Et cette voix dans ma tête qui répétait sans cesse : « Audrey, ton père va peut-être mourir. Règle tes choses avec lui, sinon tu le regretteras toute ta vie. »

• • •

J'ai toujours été fascinée par ce lien spécial entre un père et sa fille. Enfant, il m'arrivait fréquemment d'observer les pères de mes amies interagir avec elles, et de les envier. Ça ne ressemblait en rien à ce que je vivais à la maison, mais je ne savais pas dire pourquoi. Je l'avoue, c'est un réflexe que j'ai encore aujourd'hui. J'ai compris à quel point l'amour reçu de nos parents a des répercussions sur notre vie future, et combien il est essentiel au bon développement personnel, professionnel et amoureux des adultes en devenir que nous sommes.

Ce projet de livre me tient donc particulièrement à cœur et je me sens choyée de pouvoir y contribuer. En même temps, je ne peux m'empêcher de trouver une certaine ironie à l'idée de parler de ma « relation » avec mon père, alors que j'ai souvent pensé que je n'en avais jamais eu de réelle avec lui !

Il y a toutefois bel et bien au fond de moi une « petite Audrey » qui brûle d'envie de tout raconter. Je m'ouvre donc à vous, en toute humilité, en espérant que vous accueillerez cette histoire avec la plus grande des douceurs.

Arto Guériguian

Mon père s'appelle Arto. Vous devinerez qu'il ne s'agit pas d'un nom québécois. Mon père est d'origine arménienne, mais il a grandi en Égypte. En 1972, à l'âge de dix-huit ans, il a immigré seul au Canada, avec vingt-deux dollars en poche et l'espoir d'un avenir meilleur. Quelques années plus tard, il a fait la connaissance de ma mère, Diane, puis ils se sont mariés.

De leur union est né mon frère Patrick et, deux ans plus tard, je faisais mon apparition dans la famille. Nous vivions dans une modeste maison de Le Gardeur, une banlieue de Montréal. En apparence, nous étions une famille ordinaire qui avait tout pour être heureuse. Il ne fallait pourtant pas creuser bien loin pour s'apercevoir que cet écosystème ne tenait qu'à un fil.

Le pacha

Quand j'étais jeune, mon père travaillait souvent de longues heures, alors il n'était pas beaucoup à la maison. La petite fille que j'étais attendait avec impatience son retour et aurait aimé que son papa soit plus présent.

C'est pourquoi chaque fois qu'il était là, je cherchais à faire tout ce que je pouvais pour lui plaire et être le plus souvent possible en sa compagnie. Même si, la plupart du temps, ça impliquait de faire des choses dont je n'avais pas du tout envie ! Pour une enfant au primaire qui ne parlait pas un mot d'anglais, j'ai regardé beaucoup trop d'épisodes de sa série préférée *Law and Order*, et joué très souvent les modèles lorsque ses élans de photographe le prenaient, alors que je détestais être devant l'objectif. Mon père devait insister pour que je sourie. « Force-toi un peu ! » me disait-il. Je ris encore chaque fois que je retombe sur cette photo de moi à sept ans, sur laquelle on voit mon sourire forcé, tandis que mon regard crie : « Au secours, sortez-moi d'ici ! »

Mon père était un grand *fan* de boxe. Je l'ai accompagné à maintes reprises dans un club amateur renommé de Montréal où il était fier de s'entraîner, car de grands boxeurs y avaient mis les pieds. Il m'installait sur un petit banc de bois face à la salle d'entraînement et me demandait de l'attendre jusqu'à ce qu'il ait terminé. Cet endroit m'intimidait complètement ! Tous ces inconnus qui frappaient violemment sur de gros sacs suspendus, le bruit des cordes à danser qui fouettaient contre le sol et la cloche stridente qui me faisait sursauter chaque fois qu'elle annonçait la fin d'un round de *sparring*. Je me souviens que j'étais dégoûtée par le propriétaire au regard vicieux qui fumait fièrement son cigare. Une odeur qui n'améliorait en rien celle laissée par la sueur des boxeurs ! La seule chose rassurante en ces lieux était le regard de mon père que je croisais brièvement entre deux *jabs*.

Ce dernier me sécurisait et me donnait le courage de patienter quelques minutes de plus dans cet endroit hostile.

Arto avait cette grande propension à nous impliquer dans ses activités, que ça nous plaise ou non. Ses désirs passaient avant ceux des autres, un point c'est tout. Un jour, j'ai manqué un spectacle de théâtre dans lequel je tenais le rôle principal, afin de pouvoir accompagner mon père à la célébration de ses dix ans de carrière chez Pratt & Whitney Canada ! Malgré mes larmes, il m'a obligée à le suivre, insistant sur le fait qu'il était le plus important. Je me rappelle encore ma honte au téléphone en annonçant à ma professeure que j'avais un « empêchement familial » ...

> ***“ Ses désirs passaient avant ceux des autres, un point c'est tout. ”***

Pour la mise en contexte, mon père est né en Égypte en 1953, alors que les mœurs étaient bien différentes de celles d'aujourd'hui ! C'était une société archipatriarcale, dans laquelle la femme devait assouvir les besoins (et caprices !) de son mari.

Après la mort de son père, il s'est retrouvé seul homme de la maison, propulsé au sommet de la hiérarchie familiale à six ans ! Sa mère et ses deux sœurs l'ont vite considéré comme le centre du monde. Elles le surnommaient « Arto le pacha ».

Avec toute cette attention sur lui, comment ne pas se prendre pour un roi ? Du moins, c'est la seule excuse que j'ai trouvée pour pardonner ce narcissisme qui le caractérisait...

C'est donc ce qu'il a reproduit avec sa propre famille, allant jusqu'à me faire descendre au sous-sol pour lui donner la télécommande qui était posée à côté de lui sur le divan !

En sa compagnie, j'ai vite appris à me taire, parce que dire ce que je pensais risquait de le mettre en colère. Et c'était la dernière chose que je souhaitais ! J'avais si peur de lui lorsqu'il se fâchait ! Je me souviens de sa voix grave et de ses yeux noirs exorbités, surmontés d'énormes sourcils froncés. Il n'a jamais eu besoin de lever la main sur mon frère et moi pour nous convaincre d'être obéissants.

Malgré tout, j'avais mis mon père sur un piédestal et le voyais comme mon héros. Ce n'est qu'à partir de ma cinquième année du primaire que mes illusions se sont mises à vaciller.

Après quinze années de mariage, mes parents ont divorcé. C'est mon père qui a gardé la maison familiale. Selon leurs dires, l'amour n'était plus au rendez-vous depuis plus de dix ans ! (Voilà pourquoi je ne les avais jamais vus s'embrasser !) J'ai aussi découvert que mon père, qui disait travailler de longues heures, trompait ma mère. À la suite de leur rupture, notre vie a tous a changé, la sienne surtout !

“ …j'avais mis mon père sur un piédestal et le voyais comme mon héros. ”

Ce grand *fan* du film *Le Parrain*, qui se sentait pris dans une vie trop rangée, s'apprêtait à connaître une transformation digne de Michael Corleone !

Un papa gangster

Mon père a toujours eu une apparence d'homme « bien rangé » : un style vestimentaire sobre, la coupe de cheveux des baby-boomers séparée à droite et peignée vers la gauche, une mallette à la main.

Puis, nouvellement célibataire, il m'a demandé de lui teindre les cheveux afin de cacher ses tempes grisonnantes. Finie la raie sur le côté : Arto version 2.0 arborait désormais une coupe de cheveux plus courte, qu'il prenait grand soin de mettre en bataille avec une pommade. Il s'est ensuite mis à épiler ses avant-bras pour cacher sa forte pilosité. Chez lui, je trouvais régulièrement des factures dispendieuses de West Coast, un défunt magasin pour hommes branchés. Il s'est même mis à fumer la cigarette, alors qu'il avait passé sa vie à pester contre les fumeurs !

Un jour qu'il m'avait demandé d'aller chercher son portefeuille dans la voiture, je suis tombée sur un sac de sport rempli de cocottes de marijuana ! J'étais stupéfaite ! Mon père prenait-il de la drogue, ou pire, en vendait-il ? Est-ce que ce sac était vraiment à lui ? À mon père à moi ? Un ami l'avait peut-être oublié dans sa voiture ? Je n'ai pas osé lui faire part de ma découverte et j'ai gardé cette information secrète, espérant l'oublier. Mais sa nouvelle vie laissait des traces difficiles à ignorer.

Il a commencé à fréquenter des jeunes du quartier (âgés de quinze à vingt-cinq ans), qu'il invitait fréquemment à la maison ou avec qui il sortait dans les bars ou faisait des *rave party*. Je voyais bien que ces jeunes profitaient de la générosité d'un nouvel ami aux poches profondes, alors que mon père s'illusionnait sur une jeunesse retrouvée.

Je me rappelle entre autres les jumelles dont mon père était follement amoureux, qui se sont prêtées longtemps au jeu de la séduction, l'utilisant comme *sugar daddy*. Il semblait tellement heureux d'intéresser ces filles que, fidèle à mon habitude de ne pas vouloir peiner mon père, je n'ai jamais osé lui faire part de mon malaise. Je faisais donc semblant de les apprécier, même si au fond j'étais jalouse, jugeant que l'attention qu'il leur donnait m'était destinée.

> **“ *...il me manquait et (...) j'aurais tout fait pour passer plus de temps avec lui.* ”**

Évidemment, ce nouveau style de vie n'était pas sans conséquence. Mon père a fini par déclarer faillite et vendre la maison familiale pour s'installer dans un minuscule appartement de Montréal, en haut d'un bar de danseuses. On le voyait rarement et il restait assez discret sur sa vie. Il a fini par m'annoncer qu'il avait une nouvelle copine. « Tu la connais... m'a-t-il dit. C'est Marilou. » J'ai éclaté de rire, certaine que c'était une plaisanterie ! Mon père l'a mal pris et m'a alors regardée droit dans les yeux. « C'est pas une blague ! On sort ensemble et ses parents sont au courant ! » À ces mots, ma gorge s'est serrée, puis j'ai ravalé mon dégoût. Marilou faisait partie de la gang de jeunes avec qui mon père se tenait. Elle avait dix-sept ans !

J'espérais que cette nouvelle idylle ne dure que quelques semaines, mais ils ont emménagé ensemble dans un plus grand appartement et se sont fréquentés pendant plus de deux ans. J'avais si honte de leur relation qu'il m'arrivait de mentir lorsqu'on me questionnait sur Marilou, affirmant qu'elle était ma cousine. Étrangement, la plupart de mes amis qui rencontraient mon père le trouvaient « cool » ! S'ils avaient su la vérité ! Vols, faux-monnayage, vente de drogues (marijuana, amphétamines, cocaïne...). Moi, j'avais du mal à trouver cool ce père que je ne reconnaissais plus.

Ensemble, mais seule

J'ai toujours eu l'impression que mon père remplissait son devoir de parent avec le minimum d'efforts. Il a certes honoré ses responsabilités financières après le divorce, mais c'est sur le plan affectif qu'il avait des lacunes. Il semblait plus à l'aise de donner de l'amour à son berger allemand et à son rottweiller qu'à ses propres enfants. Ce qui me procurait souvent le sentiment que mon frère et moi n'étions que des figurants dans sa vie. Et, surtout, que je ne le connaissais pas réellement, puisque chaque fois qu'on se voyait, on n'avait pas grand-chose à se dire. On échangeait quelques banalités et rapidement le silence s'installait.

C'est fou comme ça me fâchait ! Non seulement je n'avais pas la relation que j'aurais souhaitée, mais, en plus, j'étais triste de voir l'homme qu'il était devenu. Je brûlais d'envie de lui dire tout ce que je savais de lui : qu'il vendait de la drogue et que chaque fois qu'il m'amenait voir « un ami », je savais très bien que c'était un client ! Qu'il me prenait pour une idiote s'il pensait me faire croire que cet homme louche qu'on avait croisé dans un sous-sol sombre se nommait réellement « Cobra » ! Que ça m'était déjà passé par la tête d'appeler la police pour le dénoncer. Que je savais bien que la grosse liasse d'argent qu'il avait en permanence dans sa poche de jeans, c'était de l'argent sale ! Que c'était zéro subtil de s'échanger un sachet de cocaïne dans un mouchoir qu'on fait semblant d'échapper par terre en plein jour ! Et, par-dessus tout, j'aurais tant voulu qu'il sache que le voir donner de l'amour à Marilou, qui avait l'âge d'être ma sœur, me blessait profondément !

Mais, encore une fois, j'avais peur de le contrarier ! Alors je me suis toujours cachée derrière mon masque de petite fille docile qui obéit à son papa.

Les weekends chez mon père se déroulaient toujours de la même façon. Visites éclair à ses « amis », repas au resto (mon père ne cuisinait pas), promenades des chiens au parc, attente à son gym, aux arcades ou au cinéma (pour voir un film de son choix). Puis, en fin de journée, mon père s'étendait devant la télévision et s'endormait, télécommande à la main, devant une reprise d'un combat de Mohamed Ali qu'il devait avoir vu au moins une vingtaine de fois. Quand j'essayais de lui enlever la télécommande, il se réveillait et prétextait avoir « juste fermé les yeux quelques secondes ». Je n'avais rien d'autre à faire que m'ennuyer et attendre que le temps passe. Parfois, je profitais de ses siestes pour lui dérober quelques billets de vingt dollars que je savais gagnés illégalement, comme une sorte de

> **“ …mon père m'a pris la main en me promettant que tout irait bien. Je ne l'ai pas cru… ”**

compensation pour ce temps perdu avec lui... Chaque fois, en glissant ma main dans sa poche de pantalon, je ressentais une certaine appréhension. Et si mon père se réveillait et me surprenait, qu'est-ce que je lui dirais? «Ah, et puis tant pis! C'est de l'argent volé *anyway*!» Je soupçonne qu'il se soit rendu compte de mes petits délits, mais il ne m'en a jamais rien dit.

Si mes passages chez mon père m'apportaient leur lot de déceptions, je quittais toujours son appartement de la rue Saint-Denis avec un pincement au cœur. La vérité, c'est qu'il me manquait et que j'aurais tout fait pour passer plus de temps avec lui.

> ***“Mon père allait mourir et moi j'avais raté ma chance de lui exprimer mes réels sentiments.”***

Heureusement, quelques années plus tard, une nouvelle conjointe l'a amené à retrouver un semblant de vie normale.

Anne-Marie était elle aussi beaucoup plus jeune que mon père, mais contrairement à ses anciennes conquêtes, je sentais que ses sentiments étaient sincères. Elle l'a obligé à faire du ménage dans sa vie et l'a aidé à rétablir de meilleurs contacts avec mon frère et moi. Notre relation demeurait malhabile et ne ressemblait en rien à celles que mes amies avaient avec leur père, mais c'était déjà un pas dans la bonne direction. On se voyait un peu plus souvent, s'apprivoisant davantage chaque fois.

Il continuait ses petits trafics de temps à autre et ça restait évidemment un sujet tabou ! Mais j'étais soulagée de voir mon père mener une vie dans laquelle j'avais une plus grande place.

Puis, en mars 2009, un coup de téléphone bouleversa nos vies.

Au pied du mur

En pleine répétition de mon spectacle des finissants à l'école de théâtre, j'ai reçu un message sur ma boîte vocale. C'était Anne-Marie qui disait : « Audrey, rappelle-moi, c'est urgent... C'est à propos de ton père, c'est vraiment grave. » Paniquée, je l'ai tout de suite rappelée. Je me souviens d'avoir retenu mes cris à ces mots : « Ton père a une leucémie aiguë. On a rendez-vous avec le médecin dans deux jours pour qu'il nous explique la situation en détail. Mais ça s'annonce mal. » J'étais sans mot, complètement sous le choc. Une leucémie aiguë, c'était quoi, ça ? Elle sortait d'où cette maladie ? Est-ce que mon père allait mourir ? J'étais terrifiée.

Cette semaine-là, mon père est venu me rendre visite pour me parler de son diagnostic et m'informer des étapes à venir. Le médecin avait découvert chez lui un cancer du sang après que sa rate eut pris des proportions inquiétantes. Il aurait d'abord à subir une ablation chirurgicale, pour entamer une chimiothérapie par la suite.

On venait tout juste de commencer à développer une relation un peu plus normale, et maintenant il risquait de mourir ! Je suis passée par toute une gamme d'émotions. J'en voulais à la vie, j'étais triste et surtout effrayée à l'idée d'affronter les épreuves qui nous attendaient. Voyant la peur dans mes yeux, mon père m'a pris la main en me promettant que tout irait bien. Je ne l'ai pas cru, bien sûr. Je sentais qu'il avait peur lui aussi et qu'il voulait me protéger. Alors, je lui ai souri en retour.

Mon père a finalement été hospitalisé à l'hôpital Notre-Dame de Montréal. Lors de mes premières visites, les formules d'usage prévalaient : « Ça va ? »,« Pis l'école ? » Je souhaitais sincèrement lui apporter du soutien, mais je ne savais pas comment m'y prendre. Chaque fois que je me retrouvais seule dans cette chambre oppressante avec lui, branché à toutes sortes de machines, je ressentais un malaise grandissant. Un vide que je n'arrivais pas à combler s'était creusé entre nous. Je me sentais impuissante, inutile, comme une intruse avec mon propre père ! Il était juste à côté de moi, pourtant je me sentais si loin de lui ! Je repartais de ces visites avec le sentiment d'avoir perdu ce précieux temps passé avec lui ; un temps qui était désormais compté.

Une nuit, je me suis fait réveiller par la sonnerie de mon cellulaire. C'était Anne-Marie qui m'annonçait que mon père avait attrapé la bactérie C. *difficile*. Il devait être opéré d'urgence pour se faire retirer une partie du côlon, sinon il risquait de mourir, car son système immunitaire était déjà très affaibli par la chimiothérapie. Je suis immédiatement partie la rejoindre à l'hôpital. Cette nuit-là a été forte en émotions. Nous connaissions les dangers d'une telle opération. Les chances de survie de mon père étaient pratiquement nulles.

C'est pendant cette attente interminable que la fatalité m'a sauté au visage : mon père allait probablement disparaître ce soir ! Si ça arrivait, j'aurais l'impression de ne pas avoir profité pleinement de ma relation avec lui. Je serais passée à côté de quelque chose de si important dans ma vie. Un papa, on en a juste un ! C'était inconcevable qu'il meure maintenant, si jeune ! Il y avait tant de questions sans réponses, tant de choses que j'aurais voulu lui dire. Pourquoi ne l'avais-je pas fait avant ? Pourquoi avoir attendu qu'il soit trop tard ?

Une fois l'opération terminée, un médecin est venu nous rejoindre. J'étais stressée, épuisée et convaincue qu'il nous annoncerait que mon père n'avait pas survécu. Il nous a plutôt expliqué que l'intervention s'était bien déroulée, mais que mon père était tombé dans le coma, et que ses reins avaient cessé de fonctionner. On l'avait placé en observation, car le médecin craignait qu'il s'empoisonne. Il n'y avait rien d'autre à faire que d'espérer que ses reins se réactivent. Mais à entendre le timbre de voix du médecin, je comprenais qu'il tenait du miracle que mon père s'en remette.

J'ai été incapable de fermer l'œil durant le peu de la nuit qui restait. Je culpabilisais. Mon père allait mourir et moi j'avais raté ma chance de lui exprimer mes réels sentiments. J'étais dévastée et remplie de remords.

Lueur d'espoir

L'improbable s'est produit quelques jours plus tard : ses reins ont repris du service et il est sorti du coma. Quel soulagement ! Je me suis donc mise en route vers l'hôpital le cœur rempli d'espoir. Mon père était revenu à la vie. J'avais peine à y croire ! C'était surréaliste, autant de rebondissements en si peu de temps ! Je n'avais jamais côtoyé la mort de si près et je craignais qu'elle revienne, car c'était loin d'être gagné. Son cancer, lui, était toujours bien présent. Le temps était donc encore compté ! L'urgence s'est alors emparée de moi et m'a fait accélérer le pas. Je me répétais en boucle : « Audrey, ton père va peut-être mourir. Règle tes choses avec lui, sinon tu le regretteras toute ta vie ! »

“ …l'évidence s'imposait d'elle-même : c'était le moment que j'avais tant espéré ! ”

Lorsqu'il a ouvert les yeux, nous étions seuls dans sa chambre. Je me suis approchée doucement pour m'asseoir sur son lit. On s'est fixés un moment, nos larmes comme uniques paroles. C'est dans ce silence chargé d'émotions que s'est créée cette connexion spéciale entre nous. Pour la première fois, je voyais mon père vulnérable, si fragile ! Dans son regard, je ressentais sa peur de mourir (et que dire de la mienne de le perdre) ! J'avais devant moi un petit garçon effrayé, et courageux à la fois, qui avait besoin d'être consolé. Je l'ai enlacé très fort. Le temps semblait suspendu. Nous étions enveloppés d'une aura de douceur et d'amour.

J'ai hésité avant de briser ce silence parfait, mais l'évidence s'imposait d'elle-même : c'était le moment que j'avais tant espéré ! Nous avions tous les deux besoin de nous confier, de nous délivrer ! Cet instant où flottait dans l'air quelque chose de magique était idéal.

La discussion s'est amorcée tout naturellement, sans préambule, comme si nous savions instinctivement ce que nous avions besoin de nous dire. Mon père a parlé avec une sincérité que je ne lui connaissais pas, c'en était désarmant ! Il m'a fait des confidences sur sa vie et ses regrets de ne pas toujours avoir été une bonne personne ni un bon père. Je lui ai fait part de la peine que je ressentais d'avoir été tenue à l'écart de ses histoires, alors que j'en vivais les contrecoups. Car c'était une chose d'avoir un père à la vie trouble, mais c'était encore plus blessant de ne pas se faire dire la vérité ! Je percevais toutes ces cachotteries comme un manque de respect et d'amour de sa part. Il m'a alors assuré que la seule certitude qu'il avait toujours eue, c'est qu'il nous aimait mon frère et moi. Il ne pouvait malheureusement pas changer le passé, mais il allait tout faire pour se reprendre et devenir un modèle positif pour nous.

Je savais que ce que j'étais en train de vivre avec mon père était précieux. Je voulais profiter de chaque seconde pour en garder de beaux souvenirs ! Je ne pouvais plus m'arrêter de parler, j'avais tant de questions à lui poser ! Il n'y avait plus aucun tabou. Nous avons même échangé quelques rires de stupéfaction lorsqu'il m'a raconté sa rocambolesque histoire de fausse monnaie. Étonnamment, ses révélations ne me choquaient même pas ! Seul un immense sentiment de bien-être et de gratitude m'habitait, car je faisais enfin partie de son cercle rapproché. C'en était fini des mensonges, nous allions jouer cartes sur table !

Un champion

Papa est finalement décédé le 4 mars 2010. Sa lutte contre le cancer n'a duré qu'un an. Une année d'une violente intensité, qui m'a permis d'admirer la grande force et le courage avec lesquels il a résisté à la maladie.

À travers toutes ces épreuves, j'ai découvert des facettes de lui qui m'étaient totalement inconnues jusque-là. Notamment sa grande résilience et sa capacité à rester optimiste, surtout lorsque le pronostic était sombre ! À l'hôpital, les médecins l'appelaient « la force de la nature ». Tout le personnel ne cessait de me répéter combien mon père était admirable. Personne ne comprenait d'où lui venait cette faculté de ne jamais baisser les bras devant l'adversité. Moi, je le savais ! Grand amateur de boxe, mon père avait compris qu'il livrait le plus grand combat de sa vie, et qu'il devait en sortir gagnant. Pour lui-même et pour ses enfants. Comme s'il voyait à travers sa bataille une chance de rédemption.

« À mes yeux, et pour tous ceux qui ont assisté à cette joute, mon père est un champion. »

Ironiquement, il s'est battu pendant douze mois, comme les douze rounds d'un combat de boxe. Et comme un K.-O. technique, c'est finalement une pneumonie qui a eu raison de lui, le cancer étant incapable de l'envoyer au tapis.

À mes yeux, et pour tous ceux qui ont assisté à cette joute, mon père est un champion. Il s'est battu jusqu'au bout, la tête bien haute, sans jamais perdre cette étincelle dans le regard. L'étincelle de la vie !

C'est paradoxal, mais la maladie de mon père a été un grand cadeau. L'urgence de la mort nous a forcés à nous ouvrir l'un à l'autre et à montrer nos vulnérabilités. Et surtout, elle m'a donné une belle leçon de vie. J'ai eu le choix de pardonner ou non. Et pour moi, la réponse était claire. Je ne voulais pas cultiver une colère contre lui qui m'aurait empêchée de développer cette complicité aussi sincère qu'inattendue !

Cette expérience m'a rendue particulièrement sensible aux non-dits relationnels et aux impacts négatifs que ceux-ci peuvent avoir tant dans notre rapport à l'autre qu'envers nous-mêmes. Oser exprimer ses émotions, ça fait peur, j'en sais quelque chose ! Et bien que je sois consciente qu'il m'est plus bénéfique de les écouter que de les ignorer, je dois lutter tous les jours contre l'envie de les refouler, parce que c'est bien plus facile que d'y faire face. Mais le jeu en vaut la chandelle ! Car comme je l'ai appris avec mon père, c'est dans l'authenticité que naissent les vraies complicités.

Curieuse, spontanée et dotée d'une grande sensibilité, **Audrey Guériguian** se pose toujours mille et une questions, quitte à en étourdir quelques-uns au passage ! Très loquace lorsqu'elle cherche une réponse, il lui est impossible de se contenter d'un simple « c'est comme ça » ! Sa grande fascination pour les comportements humains guide ses choix tant artistiques que personnels.

Au terme de sa formation en théâtre au Collège Lionel-Groulx, en 2009, son amour pour l'humour et le jeu physique l'a amenée à jouer dans plusieurs productions jeunesse. Que ce soit au théâtre dans le spectacle *Au bout du compte* des Minimalices ou dans *Les Aventures du Baron de Münchhausen* chez Tout à Trac, ou bien à la télévision sur les ondes de Vrak dans l'émission *Fée Éric*, comme dans l'univers de Nicolas Noël où elle incarne la lutine Étincelle, l'énergie vive d'Audrey lui fait aborder tous ses personnages avec une fougue qui lui est unique.

C’est avec fébrilité et une grande fierté qu’elle signe ici son tout premier texte.

Crédit photo : Véro Boncompagni
Photo d’enfance : Archives personnelles

MON PÈRE, CETTE *ROCK STAR*

par Pénélope Jolicoeur

J'ai longtemps cru que mon père était une *rock star*. Une vedette.

Puisque «je vous parle d'un temps que les moins de vingt ans ne peuvent pas connaître», et puisque le numérique ne faisait pas encore partie de nos vies dans les années 1980, il reste très peu de traces de la carrière musicale de mon père. Il était membre du groupe rock Carnivore, dans lequel il chantait et jouait du saxophone. Avec des mots clés bien simples, vous pouvez trouver une vidéo de 9 minutes 41 secondes de pur délire, transférée d'une cassette VHS ou Betamax, sur YouTube: une prestation et une entrevue que les joyeux artistes ont données lors de leur passage à Radio-Québec après avoir été sacrés meilleur groupe de la région de Québec. Je laisse délibérément l'ancien nom de Télé-Québec en hommage à mon paternel qui, tel un de ces indécrottables boomers nostalgiques, dit encore parfois la «Commission des liqueurs» et «Berri-de-Montigny».

Ce morceau d'anthologie commence avec le groupe en performance dans une cour à *scrap* et on ne peut que remarquer, avec nos yeux avisés de personnes *woke* habitant le XXIe siècle, la coiffe à plumes du guitariste qui aurait rendu jaloux Justin Trudeau en pleine crise d'appropriation culturelle dans un party d'Halloween.

Mon père, fin vingtaine, porte un casque colonial et du *eyeliner*. Juste ça, ça fait beaucoup d'informations à absorber. Dans la portion entrevue, il répond: « C'est un groupe qui se situe un peu à la limite [...]. Il n'y a qu'un pas à franchir et il tomberait dans le gouffre. Alors, c'est un groupe qui se situe toujours un pas en arrière, un pas en avant et qui est quand même en santé, très vivant, rythme et scande le rythme pour permettre aux gens de sauter un peu. Gaiement. Y a le folklore qui fait ça, mais nous on le fait un peu plus rythmé. »

Ce qui m'a frappée quand j'ai écouté le clip pour la première fois — mis à part le cri de Tarzan que pousse mon père à 3 minutes 35 secondes — c'est que les chansons de Carnivore étaient franchement excellentes. On y sent les influences de Charlebois, de Zappa et de Captain Beefheart, tout ça avec une musicalité et un groove hors du commun. On n'est pas loin de ce qu'ont fait Les Colocs une dizaine d'années plus tard. Bref, si ça existait sur un quelconque support audio, j'écouterais régulièrement du Carnivore dans mon auto.

Le groupe s'est dissous peu après le tournage en question, donc aux alentours de ma naissance, en 1981. Je ne sais trop pourquoi. J'aime mieux laisser planer le mystère que risquer de me faire répondre: « Ah, tsé, la vie, les responsabilités…» Parce que, trop souvent, avec ce genre de carrière, la vie d'adulte commence et met fin aux rêves les plus fous.

• • •

J'ai longtemps cru que, si je n'étais pas connue comme comédienne, c'était à cause de mon père, cette *rock star*.

Être. Connue.

Quand on essaie d'être actrice, on a beau jouer du théâtre expérimental devant trois pelés et un tondu à la Salle intime du Prospero, y a toujours une matante pour te demander dans quel téléroman tu joues.

“ *lâche pas* ton day job, *c'pas avec ça que tu vas payer tes factures!* ”

Être connue, donc.

Aurait-il fallu que j'anime à la télé ou à la radio l'une de ces émissions quotidiennes où l'on traite avec désinvolture, en prenant une voix suave, des grandes questions de la vie? Aurait-il fallu que je boive le vin sacré du dimanche soir radio-canadien aux côtés de Guy A.? Ou que je sois allée chercher un trophée au Gala de l'ADISQ — que ce dernier soit ou non entré en contact avec ma luette lors de sa réception — pour être enfin *connue* et, accessoirement, pour que j'aie l'impression que mon père est fier de moi?

Selon l'échelle de 2016 de Pierre Lapointe, si ce dernier est un A, je suis probablement une D: j'ai pourtant reçu des chèques verts avec un imprimé de Victor, la mascotte de l'empire du fun ; j'ai chanté avec quelques grands noms ; j'ai joué sur plusieurs scènes au Québec et dans des courts-métrages qui ont fait le tour des festivals au Canada et ailleurs dans le monde. En réalité, rien de bien éclatant, mais j'ai quand même ma carte de l'Union des Artistes pour prouver mon appartenance à la très sélecte clique du « lâche pas ton *day job*, c'pas avec ça que tu vas payer tes factures ! ».

Et mon père dans tout ça ?

J'y arrive.

À première vue, mon enfance ressemble à celle de beaucoup de filles de mon âge : enfant unique issue d'une famille de la classe moyenne élevée dans la banlieue de Québec, fréquentant l'école publique de quartier, entretenant une relation amour-haine avec les *boys bands* et tapissant les murs de ma chambre de *posters* de Val Kilmer et de Mitsou... À la différence que, dans ma tête, mon père n'était pas un prof de cégep, mais une *rock star*. D'ailleurs, une vieille tenue de scène, une chienne de mécanicien avec une bouche dans le dos, était accrochée à la porte de la cave et un 45 tours avec sa face dessus trônait parmi les vinyles de la maison. Oui, je sais à quel point tout ce paragraphe trahit mon âge.

« ...mon père avait tout un charisme et une aura particulière. »

Ayant probablement vécu de quoi de transcendant, mon père avait tout un charisme et une aura particulière. Je le voyais comme une *rock star*, oui, mais une *rock star* avec un double discours que je peine toujours à comprendre aujourd'hui…

Je viens d'une famille aimante au point d'avoir été le « projet » de mes parents. Ils m'ont absolument tout donné afin de faire de moi un être exceptionnel : j'ai suivi des cours privés dans diverses disciplines dont la musique, la danse classique, le théâtre et les arts martiaux ; j'ai reçu la meilleure éducation possible et ma mère a passé le plus clair de ses soirées à m'aider à faire mes devoirs et à me donner des exercices complémentaires. Ma mère n'avait pas eu la chance de faire de grandes études puisqu'elle avait dû payer celles de son frère — vive les années 1960 ! — et elle en avait toujours souffert. Elle voulait donc que toutes les portes du succès soient ouvertes pour moi, les portes en question étant celles qui ont l'air bien palpitantes dans les romans et les films, c'est-à-dire celles de la médecine, du droit, des sciences appliquées ou de la diplomatie internationale. Mon père, eh bien, il était d'accord avec ma mère — vive les années 1980 !

> “ ***J'avais toujours la pénible impression de ne pas en faire suffisamment, de ne pas ÊTRE suffisante.*** ”

Ils ont ainsi contribué, bien malgré eux, au développement chez moi d'une anxiété de performance accompagnant inévitablement ce type de relation avec le curriculum vitae. Je me suis souvent demandé qui étaient ces jeunes qui avaient un rapport de BFF avec leurs parents, alors que j'avais le sentiment, malgré ma moyenne générale en haut de 90 % pendant toutes mes études, que je devais constamment les impressionner, surpasser leurs attentes, être la meilleure dans tout. Les parents des autres célébraient leurs 93 % en maths ; les miens me demandaient où j'avais bien pu perdre les sept points manquants. J'avais toujours la pénible impression de ne pas en faire suffisamment, de ne pas ÊTRE suffisante.

Imaginez leur immense déception lorsque je leur ai annoncé mon désir de m'inscrire en sciences humaines au cégep. Pas de maths, qui plus est ! Ça a donné lieu à une scène digne d'un psychodrame de dimanche après-midi à TQS. Ils voyaient leurs rêves anéantis : je ne serais jamais médecin, scientifique, astronaute ou une autre patente qui ne m'avait jamais intéressée !

Ils m'ont rapidement fait comprendre qu'étant donné mon choix, seul le droit pouvait m'ouvrir toutes grandes les portes de la vie et que d'aller perdre mon temps en littérature, en théâtre, en communication ou dans toute autre discipline se rapprochant de près ou de loin d'une job de crève-la-faim était hors de question. Et ce serait sciences humaines AVEC maths (j'ai fini par être tellement poche dans la discipline imposée, et incidemment demander à ma mère de FAIRE tous mes devoirs — oui, je sais, c'est terrible — que j'ai pu, dès ma deuxième session, me débarrasser de ces épouvantables cours de calcul différentiel et intégral).

Pas qu'ils m'auraient coupé les vivres si je les avais finalement déçus en ne m'inscrivant pas docilement en droit… « Tu vas quand même pas finir libraire ? » « Tu penses quand même pas être capable de vivre en jouant au théâtre ! » « Tu vas faire quoi en communication ? Y a pas de job payante là-dedans ! »

Étonnamment, tout ça sortait de la bouche de personnes qui m'abonnaient au Trident et à la Bordée chaque année et me payaient des cours dans des disciplines artistiques depuis que j'avais l'âge de tenir debout toute seule.

Surtout, tout ça sortait de la bouche d'un père *rock star*...

• • •

Afin de cristalliser cette image de *rock star* qui va au-delà du *band* de garage, mon père appliquait sans vergogne cette désinvolture à sa vie de tous les jours. Prof de philosophie au cégep, il faisait souvent des analogies avec la culture populaire dans ses cours. Ses étudiants, qui le surnommaient affectueusement « le fou à Jolicoeur », regardaient *Zabriskie Point*, *A Clockwork Orange*, *Mort à Venise* ou 1984 en classe.

Pour y avoir assisté à quelques reprises — mon père m'ayant installée plus d'une fois dans le fond de la classe pour donner un *break* à ma mère pendant les trop nombreuses journées pédagogiques —, je peux vous dire que chacune de ses prestations magistrales était rodée au quart de tour. Il avait souvent recours à cette formule gagnante : « Une ligne, un punch. » Même en classe, devant un public de morveux de dix-sept ans, il donnait un *show*. Les étudiants souriaient, rigolaient abondamment, même.

Disons que je n'ai pas eu la chance de vivre une telle expérience dans mes cours de philo quand ce fut mon tour de fréquenter le cégep. Mon prof de philo le plus divertissant, qui m'a enseigné deux années de suite, était un sosie de Mr. Mackey dans *South Park*. Obsédé par Nietzsche, il semblait toujours à une citation déprimante du suicide. Un vrai rayon de soleil!

Mon père donnait donc un sacré bon *show* à ses étudiants. Il avait fait sa maîtrise et son doctorat sur Alan Watts, qui était un philosophe, écrivain et conférencier autodidacte, considéré comme l'un des pères de la contre-culture aux États-Unis. Par ses chroniques à la télévision et à la radio, il s'intéressait aux nouvelles tendances apparaissant en Occident à son époque et prônait un changement des mentalités dans la société. Bref, comme le dit l'adage consacré: «Toute est dans toute!»

> « *...après un travail sur moi, j'ai fini par me détacher un peu de cette notion de «peut toujours mieux faire».* »

Mon père, cet être plus grand que nature, qui a passé sa vie en mode représentation, m'intimidait par sa prestance, par son assurance. Tout comme moi, il aurait probablement voulu vivre sur une scène.

Mais, plutôt que d'en faire une fierté par son discours et ses actions, il tentait surtout de me décourager d'emprunter cette voie.

• • •

Je n'ai pas beaucoup de souvenirs de mon enfance. Il me reste davantage de bribes, d'impressions et de flashs que de souvenirs distincts. J'aimerais avoir le bonheur de me rappeler, dans leurs moindres détails, toutes les anecdotes savoureuses de ma jeunesse, comme un Simon Boulerice au féminin – sans le sourire désarmant pis la capacité de faire la *split* à tout moment –, mais ce n'est pas le cas. Toutefois, demandez-moi de vous réciter la totalité du premier monologue en alexandrins de Méphistophélès dans *Faust* de Goethe, et vous constaterez à quel point j'ai une mémoire sélective qui me sert essentiellement à me souvenir de trucs parfaitement inutiles!

Puisque je ne suis pas complètement amnésique, j'ai quelques petits moments qui me sont restés en tête. Mon père avait un horaire de travail si peu rempli que sa carrière aurait pu être considérée comme une longue préretraite. Il était donc souvent à la maison et ma mère, elle, n'occupait aucun emploi.

“ ***Avec du recul, ma vie ressemblait quand même à celle d'une personne âgée...*** ”

Avec du recul, ma vie ressemblait quand même à celle d'une personne âgée: on jouait à des jeux de société, on faisait de longues marches sur les Plaines ou dans le voisinage, on regardait des films en famille sur Super Écran. Il y avait tout le temps une musique de fond (free jazz, progressif, rock, classique) pour calmer les acouphènes de mon père – résultat d'un spectacle de Midnight Oil qui avait achevé de détruire ce que des années de musique forte n'avaient pas réussi à faire.

Je n'ai aucun souvenir précis de vacances, puisque ces dernières ressemblaient beaucoup au quotidien, mais sans l'école. On ne voyageait pas, on n'avait pas de chalet. Mes parents économisaient en vue de la retraite pour peut-être s'acheter une maison de campagne ; projet qui ne s'est malheureusement jamais concrétisé parce que ma mère n'a pas vécu assez longtemps pour voir mon père prendre sa retraite.

Le seul vrai souvenir limpide que j'ai — Simon Boulerice, moi aussi je suis capable de faire la *split* ! — je devais avoir cinq ans, et on revenait de chez mes grands-parents où l'on avait réveillonné avec toute la famille. Mes parents avaient laissé le pied du sapin vide et m'avaient fait croire que le père Noël m'avait oubliée. Alors, déçue, j'étais allée me coucher… pour trouver dans ma chambre des dizaines de cadeaux ! Mon père et ma mère m'avaient fabriqué des maisons de Schtroumpfs en papier mâché. Ils n'avaient pas beaucoup de sous, mais ça ne les empêchait pas d'être assez créatifs pour me faire vivre la magie nécessaire à une enfance joyeuse.

Sinon, je me rappelle qu'on grimaçait beaucoup. Mon père a toujours eu un grand sens de l'humour. J'ai hérité de lui mon aptitude à faire des niaiseries tout le temps, même dans les moments où il faudrait que je me garde une p'tite gêne.

De ces bribes de souvenirs de jeunesse surgit cependant un sentiment : j'étais fascinée par cette vie trépidante que mon père avait pu avoir lorsqu'il partait en tournée.

Une tournée… N'y a-t-il rien de plus glam' dans l'imaginaire collectif qu'un autobus de tournée arrivant devant un amas de *fans* en délire ?

Beaucoup plus tard, alors que je jonglais encore avec deux carrières, celle de comédienne qui essaie de percer malgré son manque de formation et de contacts, et celle de responsable des événements pour une grosse boîte dans le milieu du livre, alors que j'étais moi-même en tournée dans une production cauchemardesque, aux prises avec une gastro que je partageais avec une bonne partie de l'équipe et qu'on se relayait en coulisses pour être malade entre deux *numbers*, j'ai pris conscience que cette vie de tournée est parfois beaucoup moins glam' qu'on pourrait le croire. Il faut dire qu'à ce moment-là, j'avais un jeune enfant, une grosse job stressante, des responsabilités. J'étais devenue une adulte sans m'en rendre compte.

Comme mon père l'avait fait, je pensais que c'était à mon tour de dire adieu à mes rêves de carrière en tant que comédienne-chanteuse-comique-*name-it*.

Pour vous faire comprendre la subtilité de la démarche de mon père afin de me faire accepter cette réalité, une petite anecdote : deux ou trois ans auparavant, alors qu'il était assis dans la première rangée à l'un de mes spectacles, il s'est éclipsé à l'entracte sans m'aviser. J'étais morte d'inquiétude en voyant vides les sièges de sa nouvelle conjointe et lui lors de mon retour sur scène. Une crise cardiaque ? Une blessure en glissant sur la neige ? Une sordide attaque dans la ruelle ? J'ai fini par l'appeler après le spectacle et il m'a tout bonnement dit qu'il avait mal dans le dos et qu'ils étaient tannés, alors ils étaient partis.

Je me sentais quasiment égoïste d'être inconsolable. Maintenant, c'est devenu un *running gag* dans l'équipe qui continue de faire ce spectacle année après année avec l'habituel texto de l'auteur, cinq minutes avant la levée du rideau : « Hey ! J'ai vu ton père dans la salle ce soir. Va-t-il rester jusqu'à la fin ? Haha ! »

Dans la même veine, quand j'ai lancé le premier livre de ma nouvelle maison d'édition, mon père m'a demandé de lui en apporter un exemplaire lors de mon prochain passage à Québec. Non pas que je me sois attendue à ce qu'il vienne faire un spectacle de cracheur de feu à mon lancement, mais bon. Il l'a finalement acheté en librairie, mon livre.

Il était donc temps pour moi d'accepter ce chemin tracé avec sollicitude par mes parents et de devenir une adulte responsable, c'est-à-dire de me concentrer sur ma vraie job qui finirait bien par m'apporter bonheur, argent et sentiment d'accomplissement personnel. N'est-ce pas ce que les magazines féminins nous rabâchent à longueur d'année ? La femme moderne est à la fois comblée par sa progéniture et son workaholisme assumé, et attend patiemment, entre sa séance de yoga chaud pis une réunion de parents, le p'tit *vindredi* pour faire sa *story* Instagram hebdomadaire de #mercilavie #gratitude #collèguesdefeu !

Amère, vous dites ? Si peu. Si peu…

• • •

Tout ça partait du fait qu'au départ, mes parents avaient voulu faire de moi quelqu'un d'exceptionnel. Une maudite bonne intention, avouons-le. Mais la pression engendrée par ce type d'attente de la part de ses parents est un brin lourde à porter. Telle une athlète du cours de biologie, une médaillée en droit constitutionnel, une gymnaste tenant plus ou moins habilement en équilibre sur la poutre du calcul différentiel et intégral, ils attendaient de moi que je score et pas à peu près. Tout. Le. Temps.

Veut, veut pas, cette exigence envers soi finit par être assimilée, par teinter la moindre expérience de vie, la moindre relation.

Suis-je la meilleure élève que ce prof ait eue ? Comment puis-je le devenir ?

Suis-je la meilleure employée que mon boss ait eue ? Comment pourrais-je le devenir ?

Suis-je la meilleure blonde que mon chum ait eue ? Comment pourrais-je le devenir ?

Vous voyez l'escalade et comment ça peut devenir malsain ?

Ces dernières années, après un travail sur moi, j'ai fini par me détacher un peu de cette notion de « peut toujours mieux faire ». Cependant, en faisant récemment le bilan de mes accomplissements de la décennie, je me suis rendu compte que l'anxiété de performance de mes années d'école s'est transformée en désir de TOUT faire, de TOUT vivre et de TOUT réaliser. Je suis devenue une hyperactive de l'accomplissement personnel. On a juste une vie. YOLO pis toute.

Pas que je ne réussisse pas dans ce que je fais, au contraire. Mais est-ce que ça fait de moi quelqu'un d'heureux pour autant ? Je ne sais pas. Déjà que je n'ai pas le bonheur facile et que je ne saisis pas vite ce qui m'écœure — ça m'a quand même pris un bac, deux diplômes de deuxième cycle pis trois jobs dans le domaine juridique pour me rendre compte que j'haïssais ça, le droit —, je ne sais pas si, au final, mon agenda de ministre rend effectivement la vie plus belle.

Mon père était-il — est-il — plus heureux, lui ?

• • •

Mon père n'a jamais été un homme particulièrement démonstratif ni proche de ses émotions. Vous me direz que c'est probablement un trait de caractère générationnel des hommes nés au Québec dans les années 1950, et j'aurais tendance à dire que vous avez raison, faisant le constat que mes amis et moi, on a tous eu le même genre de père au final, bête de scène ou non.

Pourtant, lorsque ma mère a reçu un diagnostic de glioblastome multiforme au début de la cinquantaine — un cancer du cerveau aussi connu sous le nom d'« astrocytome de grade 4 » ou de « crisse de cochonnerie à marde dont tu vas souffrir pendant genre cinq ans parce que tes chances de survie sont nulles et qu'en plus tu vas avoir des crises d'épilepsie, une perte progressive de la mémoire et une dégradation de la personnalité » —, mon père, que je croyais relativement de marbre, s'est avéré être une personne très sensible tout en étant d'une solidité mentale et physique insoupçonnée.

J'aimerais vous dire que ma mère a fait mentir les statistiques, mais ce n'est pas le cas.

Tout au long de cette terrible maladie, mon père fut de tous les rendez-vous en oncologie et en radiothérapie, de toutes les résonances magnétiques, de toutes les visites à l'urgence, de tous les examens de routine, de toutes les mauvaises nouvelles, de tous les petits et grands deuils.

Restera toujours gravée en moi cette immense détresse que j'ai ressentie quand mon père m'a appelée pour m'annoncer que ma mère était dans le coma à la suite d'une crise d'épilepsie. Il avait employé la formule d'usage: « Est-ce que tu es bien assise ?... » avant de m'annoncer la nouvelle qui allait changer le cours de notre vie à tous les trois. Le diagnostic n'était pas encore tombé, et les trois heures de route que j'ai faites en autobus voyageur vers ma ville natale le 11 septembre, journée officielle des petites et grandes tragédies, ont été interminables.

Mes parents avaient une relation fusionnelle.

Ils s'étaient rencontrés à la fin de leur adolescence, à la première parade du Carnaval de Québec. Mon père avait demandé à ma mère si elle avait du feu. Si l'on en croit le célèbre *one-hit wonder* de Bill, ça semblait être la manière de cruiser dans le temps. Ils s'étaient revus à la deuxième parade de la même année. Précisons qu'il y avait deux parades à l'époque, une pour la Haute-Ville, l'autre pour la Basse-Ville, comme quoi la passion des gens de Québec pour l'activité consistant à regarder de gros chars passer à basse vitesse devant eux ne date pas d'hier, tel en témoigne encore de nos jours l'achalandage monstre sur les terrasses de la Grande Allée en belle saison.

Bref, ils étaient inséparables depuis ce grand festival du frette de la fin des années 1960. Au décès de ma mère, en mars 2010, à l'âge de cinquante-sept ans, ils comptaient plus de quarante ans de vie commune durant lesquelles je ne les ai jamais vus séparés. Ils n'avaient aucun ami et, mis à part quand mon père travaillait, ils étaient tout le temps ensemble.

Fusionnels, je vous dis.

Pendant les cinq années qu'a duré la maladie de ma mère, je me suis inévitablement rapprochée de mon père. Depuis mon déménagement à Montréal à la fin de mon baccalauréat, je parlais peu avec lui. Lorsque j'appelais à la maison et que c'était lui qui répondait, on échangeait quelques banalités puis, rapidement, il me disait : « Je te passe ta mère. » Quand ma mère a perdu sa mémoire à court terme à cause de sa maladie, et que tout ce que je lui annonçais était oublié dans les heures qui suivaient, je lui téléphonais quotidiennement pour lui annoncer toujours la même bonne nouvelle. Mon père embarquait dans le jeu…

> **“ *Ce que j'aime chez lui, c'est ce que les autres aiment chez moi.* ”**

Il a fini par décrocher le téléphone à chacun de mes appels. C'est avec lui que j'ai passé les deux dernières semaines de la vie de ma mère aux soins palliatifs, à côté de ce lit où elle reposait dans un nuage médicamenté.

Puis s'ensuivirent les obsèques et un mémorable voyage père-fille à New York; un deuil vécu à deux, mais chacun de notre côté, dans les non-dits et les larmes discrètes. C'est le propre des longues maladies: le deuil commence le jour du diagnostic, de la condamnation à mort, et il s'étiole doucement dans le temps. La maladie et le décès de ma mère ont eu comme seul point positif de me faire découvrir un peu plus mon père, pendant quelque temps du moins.

• • •

On ne peut pas dire que nous sommes restés très proches. On se voit peu. Il a refait sa vie. J'ai la mienne. Nous sommes du même sang. On s'aime à distance.

J'ai toutefois compris à quel point je lui ressemblais dans ma façon d'être, dans mes façons de faire. Ce que j'aime chez lui, c'est ce que les autres aiment chez moi. Ce qui m'énerve chez lui, c'est ce que les autres me reprochent. Tout comme moi, mon père est un touche-à-tout. C'est aussi et avant tout un artiste. Toute sa vie durant, il n'a jamais cessé de créer: ses peintures de pop art trouvent place sur les murs des collectionneurs et il continue de composer de la musique contemporaine. Véritable as des relations publiques, caméléon social sachant conserver son authenticité, tout lui réussit.

Manifestement – comme le prouve votre « c'est qui, elle ? » quand vous avez vu ma gueule sur la couverture de ce livre –, je ne suis pas une *rock star* comme mon père.

Je dois pourtant l'ensemble de ma carrière à ces mêmes traits de caractère qui, comme lui, font de moi une personne relativement pas pire dans tout, mais excellente dans rien. Je ne sauve pas des vies, je ne défends pas de grandes causes, je n'ai pas trouvé de remède contre le maudit cancer…

Mais je ne ressens plus cette pression, cette inadéquation.

J'ai appris à combler ce grand trou noir qui m'habite avec des projets à moi. Des loisirs créatifs, comme je me plais à les appeler.

Je ne serai probablement jamais connue, que ce soit ou non en lien avec mon père ou avec l'image que je me suis faite de lui : une *rock star* que j'ai placée quelque part trop haut dans le firmament.

Avec mon légendaire air bête et mon humour à double tranchant, j'ai malgré tout réussi à me frayer une place dans un milieu qui ne m'était pas destiné au départ, et c'est en grande partie grâce à ce que mon père m'a légué : ses qualités de *showman* et la capacité d'entamer mille et un projets… sans nécessairement les terminer.

Et je suis enfin en paix avec tout ça.

Pénélope Jolicoeur est une touche-à-tout. On a pu la voir sur scène en tant que choriste de Manuel Tadros, dans la peau de Marilyn Monroe au Théâtre Prospero ou dans l'une des éditions, de 2008 à 2016, de la revue de l'année *Salut…!* produite par Les deux colons d'Amérique. Elle a également fait la mise en scène du one-man-show de Philippe Lemieux, *Achevez-moi quelqu'un*. Sa job d'adulte : directrice générale de Communication-Jeunesse, un OBNL visant à faire la promotion de la littérature jeunesse québécoise et franco-canadienne. Elle est par ailleurs redoutable au jeu de la boulette et ne dit jamais non à une soirée de karaoké. On peut la trouver dans son habitat naturel, assise parmi les spectateurs d'une salle de théâtre, ou chez elle à s'occuper de LaPoire, son incroyable rejeton, et de ses plantes vertes. En novembre 2019, avec son amie de longue date Véronique Pascal, elle a créé Hurlantes éditrices, une maison d'édition antimièvrerie, baveuse, colorée, féroce et punk. Leur premier titre, *L'Almanach des Hurlantes*, est paru le 26 janvier 2020. C'est son nouveau loisir créatif.

Crédit photo : Marjorie Guindon ©2020
Photo d'enfance : Lucie Guérin (1981)

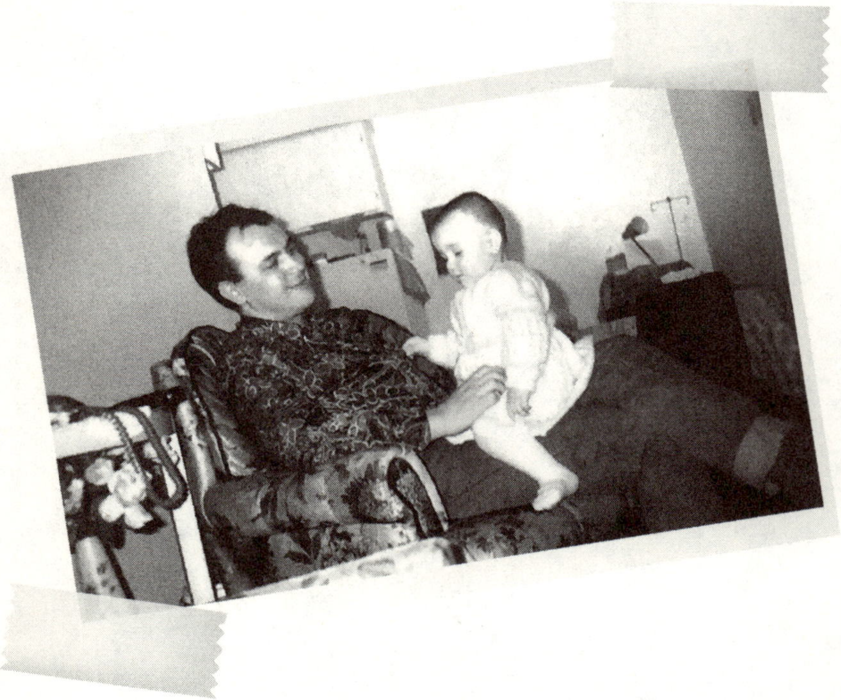

LA GENÈSE

par Sinem Kara

Pour que l'on comprenne mieux la suite, je commence l'histoire au début des années 1980. Le Québec a alors connu une importante vague d'immigration turque. En 1985, cinq ans avant ma naissance, mes parents ont décidé de se lancer à leur tour, et je peux dire qu'ils n'ont pas vraiment choisi le Québec, mais que c'est plutôt le Québec qui les a choisis, car il y avait une grande demande d'ouvriers à ce moment-là. Comme pour de nombreux Turcs, leur expertise dans la couture leur a donné un laissez-passer afin de s'installer à Montréal.

Du plus loin que je me souvienne, mes parents travaillaient comme couturiers. C'était la grosse mode du cuir, des années que le monde de la mode essaie d'oublier. C'était un domaine très prolifique. On travaillait dans le cuir parce qu'on était sûr de ne pas manquer de travail. Mais comme toute bonne chose a une fin, le cuir a peu à peu perdu de sa popularité. L'exportation a diminué au profit de l'importation, ce qui a grandement réduit la charge de travail de mes parents et des autres Turcs de Montréal.

Mon père a alors dû prendre une décision : quitter définitivement ce domaine ou retourner dans son pays d'origine, ce qui aurait complètement changé mon avenir, pour le mieux, peut-être.

J'y pense souvent. Et si mon père avait choisi de retourner en Turquie à ce moment-là ? J'ai toujours eu l'impression que ma vie aurait était plus simple dans mon pays d'origine.

> ***« Le conflit des générations est difficile, peu importe le pays, mais si tu ajoutes à cela le conflit culturel, le défi devient plus grand... »***

Mon père était comme la majorité des autres pères turcs : sévère, autoritaire et silencieux. Le conflit des générations est difficile, peu importe le pays, mais si tu ajoutes à cela le conflit culturel, le défi devient plus grand, rendant presque impossible toute ligne de communication.

Vous l'aurez compris, mon père est resté au Québec, pour une raison que je ne lui ai jamais demandée, même si j'ai toujours eu l'impression que c'était son plus grand regret.

Nous allions en Turquie presque tous les étés. Mes souvenirs des retrouvailles avec la famille sont marqués par la joie de mon père de revoir les siens. Nous y restions un mois ou deux, et plus la date de retour approchait, plus je sentais une tristesse s'installer chez mon père. Le départ pour le Canada était immanquablement accompagné de larmes. J'étais jeune à l'époque, et je ne comprenais pas pourquoi nous devions repartir si c'était aussi douloureux pour lui.

Une part de moi aurait préféré vivre près de la famille avec peu de moyens, plutôt que de vivre loin, avec des parents qui travaillaient dans l'espoir de pouvoir y retourner un jour. Mais plus les années passaient, plus je m'ancrais au Québec, et du même coup, je décevais mon père lorsque je lui disais que mon pays était le Canada, alors qu'il me demandait si un jour je rentrerais en Turquie avec eux.

Il est surtout resté au Québec parce qu'à l'époque, il y avait beaucoup d'opportunités professionnelles. Une grande majorité de Turcs se sont tournés vers la restauration. Mon père a une nouvelle fois suivi la vague et a ouvert un restaurant. Il avait trouvé une solution pour faire vivre sa famille. La première réaction des gens quand je disais que mon père avait un restaurant, c'était: «Ah oui? Un restaurant turc?» Et la réponse était: «Non.» Comme la majorité des Turcs de Montréal, nous avions une pizzeria et pour réduire la compétition, mon père a décidé de s'établir en région. Ce qui a accentué le conflit culturel entre mon père et moi.

Nous avons déménagé du quartier Saint-Michel pour nous installer en banlieue sud de Montréal, à Saint-Jean-sur-Richelieu où nous étions les premiers immigrants.

Lorsque je suis arrivée à l'école primaire Notre-Dame-de-Lourdes, j'avais neuf ans. Ç'a été un véritable choc culturel pour moi, parce que j'avais commencé mon éducation à l'école Bienville, sur la 25e Avenue à Montréal, où les élèves étaient de toutes les couleurs, de toutes les cultures. Personne ne me demandait pourquoi je m'appelais Sinem, et surtout personne ne restait bouche bée en apprenant qu'Aladdin était le vrai nom de mon père.

Oui, mon père porte le nom d'un personnage de Walt Disney. Pourtant, dans mon quartier d'enfance, son nom ne faisait rire personne, Aladdin étant un nom très populaire au Moyen-Orient.

Je me rappelle parfaitement cette journée où j'ai compris que mon père avait un nom bien différent des autres papas québécois.

Nous avions donc commencé une nouvelle vie à Saint-Jean-sur-Richelieu. Nous avions une pizzeria dans le Vieux-Saint-Jean, juste à côté du cinéma. En revenant de l'école, j'appelais souvent mes parents pour leur parler de ma journée. La serveuse répondait: «Pizza choix, bonjour!» Je disais: «Allô!» Elle me reconnaissait tout de suite et j'entendais: «Je te passe ton père.»

Mais un jour, je me suis trompée de numéro et un homme a répondu. Je ne reconnaissais pas la voix de la personne, alors en panique, du haut de mes neuf ans, j'ai tout simplement dit: «Est-ce que je peux parler à Aladdin?» Ce qui ne semblait pas la bonne chose à dire.

– Pardon, me niaises-tu, la jeune? Je n'ai pas juste ça à faire, me faire niaiser par une merdeuse comme toi. Aladdin est pas là, mais Ali Baba peut te péter la gueule.

Je me souviens d'avoir senti une chaleur traverser mon corps. Visiblement, j'étais tombée sur une personne ayant peu de patience. Mais puisque je n'avais rien fait de mal, j'ai pensé: « Sinem, dis la vérité. »

– Désolée, monsieur, mais mon père s'appelle vraiment Aladdin, il vient d'un autre pays, c'est pour ça qu'il a un nom différent.

Un silence, puis j'ai entendu:

– Oh… OK. Pas de problème… Bye.

Un autre jour, la professeure a demandé à toute la classe de dire le nom de leurs parents. Lorsque ç'a été mon tour et que j'ai dit le nom de mon père, il y a eu un long silence suivi d'un rire collectif. Je mentirais si je disais que je n'ai pas eu envie de pleurer. Mais au lieu d'être la victime, j'ai rapidement ri avec eux et j'ai ajouté à la blague: « En plus, ma mère s'appelle Jasmine, c'était quoi les chances que ça arrive? » Les enfants m'ont alors regardée avec la bouche et les yeux grand ouverts, sans savoir quoi répondre.

“ *…une recette turque d'aubergine gratinée et du baklava, c'est tellement un meilleur lunch qu'un sandwich au baloney et des pattes d'ours!* ”

C'étaient des situations comme ça qui me faisaient penser que tout aurait été plus simple dans mon pays d'origine. Parfois, quand j'étais jeune, j'en ai même voulu à mon père de ne pas avoir pris la décision de retourner en Turquie.

Mes lunchs auraient senti la même chose que les lunchs des élèves de mon école, car c'est seulement avec la maturité que tu comprends qu'une recette turque d'aubergine gratinée et du baklava, c'est tellement un meilleur lunch qu'un sandwich au baloney et des pattes d'ours !

Les gens de ma nouvelle école réagissaient drôlement à mes lunchs et aussi à mon léger accent de Montréal. D'ailleurs, il m'a fallu seulement quelques semaines pour apprendre à parler comme une vraie Québécoise.

Maintenant, je considère que la décision de mon père de rester au Québec et de déménager en région a eu une grande influence sur mon humour. Mais il ne faut pas le dire à papa, car il serait déçu d'apprendre que je suis humoriste grâce à lui.

J'ai toujours pensé que c'est à Saint-Jean-sur-Richelieu que j'ai développé mon sens de l'humour pour me défendre des préjugés. Toutefois, mon humour décalé est venu bien avant ça. Reculons un peu dans l'histoire. Je suis née le 28 avril 1990. Mes premiers souvenirs remontent à l'époque où nous habitions dans le quartier Saint-Michel, à Montréal. Je devais avoir autour de six ans. Nous avions un sous-sol dans lequel mes parents avaient installé leur atelier de couture et nous étions les seuls habitants de la rue à avoir deux étages. Je pensais alors que nous étions les plus riches de ce cul-de-sac. Oui, cette maison était une des dernières de la 25e Avenue, celle-ci s'arrêtant là où l'usine commençait.

Je dois vous avouer que je ne savais pas exactement de quel genre d'usine il s'agissait, mais selon mes souvenirs, les enfants du quartier m'avaient dit qu'on y fabriquait du plastique, ce à quoi j'avais répondu « cool », sans me poser de question. Donc, nous étions les plus riches du quartier avec le super sous-sol à côté de l'usine de plastique.

J'ai appris par la suite que nous n'étions pas aussi riches que je le pensais. Le travail avait diminué, il n'y avait pas autant de commandes qu'au début, lorsque mes parents sont arrivés au Québec. Mais mon père ne nous l'a jamais fait ressentir. Il aimait nous gâter.

> **« ...mon père ne saisissait pas les gros mots de la langue française parce qu'ils n'étaient pas enseignés dans les cours de francisation. »**

J'adorais cette époque où mes parents étaient couturiers, parce qu'ils étaient toujours à la maison. Mon père venait me chercher à l'école, qui était à deux minutes à pied. Je préférais que ce soit ma mère qui vienne me chercher cela dit, elle était plus chaleureuse. Mon père a fait en sorte que nous ne manquions jamais de rien, mais la communication n'était pas sa force. S'il parlait peu, il aimait jouer. Je ne me gênais pas pour lui sauter sur le dos, pour essayer de le mettre par terre. Je pensais que j'avais une force surhumaine, mon père me laissant gagner chaque séance de lutte.

Contrairement à certaines amies du quartier, quand je jouais dehors, j'avais le droit de me salir. J'y étais constamment. L'avantage de vivre dans un cul-de-sac, c'est qu'il n'y a pas trop d'autos pour nous déranger. Tous les enfants du quartier se rassemblaient pour jouer au soccer. Mon père regardait les matchs du balcon. Je me rappelle qu'une fois, le ballon a rebondi sur sa voiture, et tout le monde a regardé mon père avec crainte, en pensant qu'il allait se fâcher. Il s'est plutôt mis à rire en nous disant de continuer. Le jeu était important pour lui, probablement parce que plus jeune, il n'en avait pas énormément profité. Il ne m'a jamais parlé de son enfance, mais puisque nous allions en Turquie tous les étés, j'entendais des petites histoires à droite et à gauche. Je sais qu'il a quitté l'école à onze ans pour travailler en ville. Même si c'était normal à l'époque, ça n'a pas dû être facile.

Sachant cela, je ne lui en ai jamais voulu d'être peu porté sur la communication. Je m'en veux plutôt de ne pas avoir cherché à l'y encourager. Mais tel père, telle fille, comme on dit. Tout comme lui, on ne m'a jamais appris à exprimer mes émotions. J'ai ainsi découvert par moi-même une façon qui me semblait plus amusante de le faire : l'humour.

“ *Tout comme lui, on ne m'a jamais appris à exprimer mes émotions.* ”

Mon premier professeur a sans doute été mon émission préférée : *South Park*. Oui, je sais, c'est un peu choquant pour une enfant de six ans. Mais l'avantage d'être un enfant de deuxième génération, c'est que mon père ne saisissait pas les gros mots de la langue française parce qu'ils n'étaient pas enseignés dans les cours de francisation.

Alors, je m'assoyais devant l'écran et je regardais ces petits bonshommes avec lui qui approuvait sans savoir que je regardais une des émissions les plus vulgaires de Télétoon. Pour moi, c'est en partie ce qui explique mon humour parfois décalé, et pour cela, je suis heureuse qu'il n'ait pas eu de cours sur « ce que nos enfants ne doivent pas regarder à la télévision québécoise ».

Je n'écoutais pas seulement *South Park*. Mon père nous laissait aussi écouter des films d'action, parce que c'était son grand plaisir à lui et il voulait le partager avec mon frère et moi. Quand il y avait des scènes que nous ne devions pas voir, il nous disait de fermer les yeux. Ce que nous faisions à moitié, bien sûr.

Je n'ai pas pu regarder beaucoup de films de princesse, car mon père et mon frère qui avait un an de plus que moi ne voulaient pas voir ce genre de film. Alors, nous regardions des films d'action ou de guerre. À l'école, les filles parlaient de leurs idoles, les « princesses de Disney », et moi je parlais de mon héros, Jackie Chan.

> ***“ À l'école, les filles parlaient de leurs idoles, les « princesses de Disney », et moi je parlais de mon héros, Jackie Chan. ”***

Avec du recul, ce n'était pas une mauvaise chose, parce que j'avais des références cinématographiques différentes et je ne détestais pas ça. Nous regardions aussi beaucoup de films turcs. Ce mélange des genres et des cultures m'a enrichie. Toute jeune, j'ai découvert sans le savoir différents univers humoristiques, ce qui a énormément alimenté et développé mon sens de l'humour.

Mon père me laissait visionner les émissions et les films que je voulais ou à peu près, ce qui peut laisser penser qu'il était très relax, mais en réalité, j'avais un père très conservateur dans ses valeurs. Tous les dimanches, nous allions à la mosquée. J'ai le souvenir qu'il y a eu des dimanches amusants, mais la plupart du temps, mon père avait un regard sévère, ce jour-là.

Je me disais toujours qu'il était sérieux le jour de la mosquée parce qu'il ne faut pas rire avec la religion. Je n'avais pas non plus envie de rire, car je devais m'habiller différemment des autres jours pour y aller, c'est-à-dire porter une longue jupe avec un chandail à manches longues et, bien sûr, le voile pour cacher mes cheveux. Je détestais porter le voile, parce que je ne me trouvais tout simplement pas très jolie sans mes cheveux.

> **“ *...nous faisions tout sauf répéter nos prières. À six ans, mon rôle consistait à faire rire les filles.* ”**

Les dimanches, j'étais à des années-lumière de mes journées à écouter *South Park*, je voyais l'énorme *clash* avec mon quotidien, et ça me faisait réfléchir. Et beaucoup rire, je dois dire.

Je n'aimais pas aller à la mosquée, surtout parce que je n'avais aucune explication de la part de mes parents. Le dimanche était comme ça, point final. Mon frère et moi ne devions pas dire que nous ne voulions pas y aller, sinon papa se fâchait. Alors, je me préparais et nous montions dans la voiture.

Durant le trajet, mon père était souvent silencieux. Quand il parlait, c'était pour nous dire des choses comme :

« C'est important de bien écouter. » Arrivé sur place, mon père nous laissait devant l'entrée. Moi, je devais traverser la salle pour rejoindre les femmes qui étaient dans la pièce du fond. La mosquée était un local situé au premier étage d'un genre de duplex. Elle était divisée en deux grandes salles. Après avoir eu à affronter le regard sévère de mon père, l'autre pire moment de ma journée était de traverser la section des garçons. Cela me gênait énormément.

Une fois cette épreuve passée, je me sentais enfin libérée et heureuse de retrouver les filles. J'aimais beaucoup m'amuser avec elles, parce que, désolée papa, nous faisions tout sauf répéter nos prières. À six ans, mon rôle consistait à faire rire les filles. Les plus jeunes comme les adultes attendaient avec impatience mes imitations, alors je m'exécutais. J'imitais des personnages et récitais les répliques que j'avais apprises durant la semaine. Vous pouvez imaginer que j'imitais principalement des dialogues de *South Park* que personne ne connaissait. J'adorais l'attention que les filles me donnaient. Je n'étais alors pas considérée comme une enfant. Nous étions plutôt des égales. Nous parlions de tout. Certaines parlaient de garçons, d'autres d'épilation ; j'écoutais la bouche ouverte en essayant de tout retenir, au cas où, un jour, on me demanderait mon avis sur le sujet.

Lorsque l'imam traversait enfin la section des femmes, le silence s'installait comme une vague. Je cessais de faire le clown, puis mettais vite le nez dans le livre pour apprendre le plus rapidement possible le début d'une prière, et faire croire que j'avais un peu travaillé.

Si notre manque de travail paraissait, l'imam pouvait crier. Selon son humeur matinale, il pouvait même lui arriver de jeter son crayon contre le mur. Heureusement, il était moins sévère avec les plus jeunes, alors j'étais moins stressée que la plupart des filles. À partir de douze-treize ans, par contre, il n'y avait plus d'excuse.

Pour mon père, peu importait l'âge, un écart de comportement n'était pas toléré à la mosquée, alors j'étais surtout anxieuse à l'idée que quelqu'un puisse lui raconter que je jouais la comédie plutôt que d'apprendre mes prières. Mais je pense qu'il n'a jamais su que je me donnais en spectacle devant les filles.

C'est donc à travers toutes ces expériences que j'ai développé la volonté de faire rire les gens. Malgré ce que dit ou imagine mon père, il a beaucoup influencé mon choix de carrière. Et je suis très heureuse d'avoir vécu toutes ces choses grâce à lui. Merci, papa. Il aurait préféré que je fasse autre chose de ma vie, et je sais qu'il n'aime pas mes blagues sur la religion, même s'il faut les prendre au second degré. Mais je peux comprendre, et au plus profond de mon cœur, je garde espoir et travaille fort pour qu'un jour il soit fier de moi et de mes décisions.

Sinem Kara est née dans les années 1990 à Montréal de parents immigrants turcs. À l'école primaire, son activité préférée était la lecture de livres de magie, parce qu'elle croyait profondément que sa volonté lui permettrait un jour de déplacer des objets avec la seule force des yeux… À l'école secondaire, elle a délaissé la magie pour les pièces de théâtre de Michel Tremblay et a rêvé secrètement de pouvoir un jour jouer le personnage de Thérèse. Elle est effectivement entrée à l'école de théâtre. Elle est aujourd'hui parfaitement comblée d'avoir choisi la branche de l'humour.

Comédienne, humoriste et animatrice, Sinem Kara est une artiste qui déplace de l'air. Aussitôt après sa formation en théâtre au Collège Lionel-Groulx, son côté touche-à-tout la mène rapidement à partager la scène avec les humoristes de la relève dans le cadre de diverses soirées d'humour. En 2017, elle est invitée à performer sur le plateau de *Juste pour rire en direct* puis, en 2019, elle fait partie de la tournée canadienne des *Rendez-vous de la francophonie* 2020, et présente son premier spectacle solo. À côté de sa carrière humoristique, nous avons pu la voir notamment sur les ondes de Vrak en tant que chroniqueuse dans l'émission *ALT* ou à l'antenne de Télé-Québec dans la série *On parle de sexe*. Elle participe aussi à l'émission *Le prochain stand-up* sur Noovo.

Crédit photo : Eva-Maude TC
Photo d'enfance : Archives personnelles

UN PÈRE À MARIER

par Maude Landry

Mon père, c'est celui qui s'assoyait sur mon lit pour me donner du sirop contre la toux, avant de m'appliquer de l'onguent qui sent fort sur la poitrine quand j'étais malade. Un bon père, ça prend soin de ses enfants aussi contre leur gré lorsqu'ils sont trop jeunes pour en prendre l'initiative eux-mêmes.

Il m'aimait assez fort pour répondre à toutes mes questions — j'en avais plusieurs par minute —, assez fort pour me donner un cadeau chaque année à la Saint-Valentin pour pallier l'absence d'un prétendant amoureux.

Marcel Landry était ingénieur en bâtiment, avec une formation d'architecte. C'est un manuel, patenteux de nature, souvent perdu dans ses pensées, dans ses projets. Ses yeux bleu clair sont aussi perçants que son sourire est bienveillant.

Il paraît qu'on peut en apprendre beaucoup sur quelqu'un en observant sa relation avec son père. J'en fais ici l'introspection ; j'ai sûrement des « *Daddy issues* ».

C'est inévitable, car mon père a été le premier homme de ma vie. Mais dans mon cas, j'ose croire que cela s'est avéré positif. La barre était haute pour mes amoureux, puisque j'avais grandi avec un modèle d'homme à marier. Il est d'ailleurs toujours marié et heureux avec ma mère. Je ne dis pas ça parce que c'est mon père et que je sais qu'il va lire ces mots. Ça n'a pas toujours été rose entre lui et moi, mais j'avance sans hésiter que Marcel Landry a été un père digne de mention.

Grand, beau, fort et intelligent, c'était le papa cool que les autres enfants admiraient. « Il est drôle, ton papa ! » m'ont souvent dit des camarades de classe avec envie. Il avait (et a encore à ce jour) un humour fin et subtil. Il était aussi d'une logique implacable. Rationnel, mais débordant de créativité ; confiant, mais humble : l'homme parfait, quoi !

Il savait piquer notre intérêt et prenait un malin plaisir à modifier les contes classiques. Par exemple, la première chose qu'il m'a dite sur le père Noël, c'est qu'il était un extraterrestre. Même si ses arguments avaient beaucoup de sens, j'ai eu l'air fou quand j'ai fait part de cette théorie à la maternelle. Il nous a raconté bien des histoires hilarantes à l'heure du dodo. Des histoires si comiques que ça m'empêchait de trouver le sommeil. Sans rancune, papa. Il a aussi laissé des messages humoristiques dans les boîtes à lunch de ses trois enfants, chaque jour de notre primaire. Du papier d'imprimante plié avec un dessin, un jeu de mots, un rébus, une devinette ou une pensée ironique. Pour chacun, une blague personnalisée par jour, accompagné d'un « Je t'aime, bonne journée. Papa ».

Tout le monde au dîner était impatient de lire les mots d'esprit de mon père, y compris les éducatrices. L'une d'elles m'a même demandé plusieurs fois s'il était célibataire.

Enfants, mes frères et moi adorions les légendes de pirates, surtout le film sur le capitaine Crochet de Spielberg, avec Robin Williams. Un jour, pour nous faire plaisir, mon père a mis en scène la découverte d'un trésor. Au Lac-Simon, où j'ai passé la majeure partie de mon enfance, il y avait une toute petite île déserte. Marcel y a enterré un trésor qu'il avait confectionné lui-même à partir d'objets trouvés dans des friperies et des bazars. C'était un coffre en bois avec une tête de mort peinte en rouge dessus. À l'intérieur, de vieux bijoux, un vieux chandelier en métal, de vieux objets poussiéreux.

Alors qu'on se baignait, il a subtilement fait émerger de l'eau une bouteille à la mer (du lac) renfermant une carte au trésor en papier de bouleau et dessinée au fusain.

Pendant le souper, nous l'avons supplié de nous emmener à l'île. Quand il a accepté, de son air faussement désintéressé, mes frères et moi, tout énervés, avons crié « OUI ! » en donnant de grands coups de pieds sur les meubles. Une fois que nous avons accosté sur l'île, une couleuvre a attiré notre attention — les couleuvres attiraient toujours notre attention. Nous avons suivi la créature jusqu'à un X tracé dans le sable... On a creusé de tous nos doigts jusqu'au trésor. C'est seulement vers onze-douze ans que j'ai compris que c'était un canular. Mais le souvenir que j'en garde n'en reste pas moins magique.

Jusqu'à mes douze ou treize ans, c'était mon père qui décidait de mes tenues vestimentaires. Tous les matins, pendant que je déjeunais, il déposait sur mon lit, à plat, mes vêtements pour la journée. J'adorais ça, ça me facilitait la tâche ! C'était coloré et extravagant, à l'image de ma personnalité un peu étrange.

Il nous faisait rire parfois sans le faire exprès. Il avait l'étrange manie de recouvrir la télécommande de la télévision – qu'il appelait la « gugusse » – d'une pellicule plastique pour la garder propre. On n'a jamais compris pourquoi. Sûrement parce qu'on mangeait des collations devant la télé. La pellicule de plastique était tout le temps crottée… C'est avec cette télécommande qu'il enregistrait les films de Super Écran pour nous les faire découvrir. Les *Rocky*, *La Chèvre* et *Les Anges frappent et courent* comptent parmi les nombreux films qu'on a aimé regarder ensemble.

> ***« Il ne parlait jamais pour ne rien dire, ça rendait ses paroles d'autant plus intrigantes. »***

En plus de sa passion pour le cinéma culte, mon père nous a transmis toute sa culture musicale. À la maison comme en voiture, il en mettait plein la chaîne stéréo. De l'opéra pour nous réveiller le matin, du Pink Floyd et du Supertramp dans la voiture en route vers le chalet. J'ai aussi grandi sur du Queen (je rêvais de devenir Freddie Mercury, sans le sida), du Richard Desjardins, du Plume Latraverse, du Beethoven. À l'exception de la période où j'écoutais les Spice Girls, j'ai toujours eu les mêmes goûts musicaux que papa.

Pour ce qui est de la télé, il nous a initiés aux classiques de son enfance : *Sol et Gobelet* ou l'Oncle Pierre avec Midas le canard. Quant aux œuvres littéraires, il nous proposait *Bob Morane*, Tintin, Ray Bradbury et Isaac Asimov. Il avait à cœur de semer et de cultiver en nous la curiosité et l'imagination.

On n'a pas toujours été sages, mes frères et moi. Puisque ma mère est une « empathe », c'était pénible pour elle de nous chicaner quand il le fallait, ça lui brisait son cœur en or. C'est donc mon père qui était la figure d'autorité à la maison. Il avait ses méthodes de discipline bien à lui. Il utilisait des expressions loufoques sur un ton réprobateur, avec tant de conviction qu'on finissait par le prendre au sérieux. Il nous a déjà menacés de nous nourrir de sandwichs au ketchup si on n'était pas sages. J'en ai mangé une fois et j'ai eu ma leçon. En voiture, lorsqu'un conflit éclatait avec mes frères, il nous demandait si on voulait « faire un boutte sur les coudes ». Ça fonctionnait, on arrêtait de parler sur-le-champ, incrédules. Je n'ai jamais trop compris ce que ça voulait dire, mais je nous imaginais accrochés par les pieds au pare-chocs arrière du Suzuki. À l'adolescence, pour nous obliger à faire le ménage de notre chambre, s'il jugeait qu'il y avait trop de désordre, il ramassait tout ce qui traînait dans des sacs poubelles qu'il mettait au chemin. Aujourd'hui, je suis fière de dire que je fais mon lit tous les matins ! Je pense utiliser la même technique avec mes enfants si j'en ai un jour. Radicale, mais efficace.

À l'inverse de moi, mon père est un leader naturel. Chaque année, il organisait des jeux à son travail et chez les Landry pour Noël. Il y mettait toujours beaucoup d'autodérision, c'était rassembleur. Tout le monde l'adorait.

Je le regardais souvent du coin de l'œil pendant les repas de famille, attendant avec impatience qu'il glisse dans la conversation la phrase ou le jeu de mots qui déclencherait le plus gros éclat de rire de la soirée, avec le meilleur des *timings*. Il ne parlait jamais pour ne rien dire, ça rendait ses paroles d'autant plus intrigantes.

J'ai passé une partie de mon enfance à chercher son approbation et sa fierté. J'essayais constamment de l'impressionner par l'intelligence, une qualité qui le définissait. Il me donnait la motivation d'aller au bout de moi-même.

Je suis la fille à son papa, mais ça n'a pas empêché ma mère de devenir ma meilleure amie. Elle aussi le trouve drôle, c'est pour cette raison et bien d'autres qu'elle l'a épousé. Marcel est plein de charme sans même le savoir. Il a toujours été un homme mystérieux. Discret, il ne parle jamais de lui. Il tourne tous les sujets à la blague. Je le connais, mais pas dans son entièreté. Il est peu démonstratif et exprime son amour par des gestes plutôt que par des mots. C'est un homme timide qui fuit comme la peste les thèmes tabous et les conversations délicates.

Jusqu'à l'âge adulte, j'ai donné du fil à retordre à mes parents. J'étais très sensible, émotive (je pleurais en écoutant de l'opéra) et expressive, parfois même dépressive. Pour un père, voir sa fille de neuf ans exprimer des idées noires sans comprendre pourquoi, c'est une torture. Il faisait tout pour que je sois heureuse, mais quelque chose ne fonctionnait pas bien dans mon cerveau. Je me suis longtemps sentie coupable d'exister. Au moins, j'avais de bonnes notes à l'école. J'en faisais même une obsession, c'est ce qui me raccrochait à la vie.

L'année dernière, on m'a donné le diagnostic de borderline ou trouble de la personnalité limite. En gros, ça veut dire que de temps en temps, il me vient l'envie de me suicider. Rien de grave. J'ai aussi appris, en me documentant avec fascination sur ma maladie, que 6 à 15 % des gens sont comme moi, des hypersensibles en proie à des crises existentielles profondes. Je fais partie des « *quiet* » borderline, ceux chez qui ça ne paraît pas. En général, c'est déclenché dans l'enfance par un épisode d'abus sexuel ou une relation paternelle conflictuelle… Dans mon cas, ça a été de l'abus. Mais j'ai compris en thérapie pourquoi m'avoir comme fille a pu être ardu par moments.

> **“ *Je fais partie des « quiet » borderline…* ”**

Pour faire une histoire courte pour le moins lourde de sens, un de mes oncles du côté des Landry me touchait (dans le mauvais sens du terme) quand j'étais toute petite. Après l'avoir dénoncé, j'ai été reniée par une partie des Landry, traitée de petite menteuse. Mes cousines étaient victimes du même monsieur, mais elles s'étaient fait dire par leur mère de se taire pour ne pas « fucker la famille ». Elle était pourtant déjà bien fuckée, merci.

Seule ma mère m'a accompagnée dans le processus judiciaire que nous avons perdu. Depuis, j'ai évité d'aller aux Noëls des Landry (qui avaient lieu chez l'oncle en question). Je m'invitais dans les partys de Noël d'une amie et inventais des mensonges pour expliquer ma présence inattendue, parce que la phrase « Ma famille est morte dans un accident d'avion » suscitait plus de compassion et moins de gêne que « Je ne suis pas à l'aise d'aller chez mon oncle pédophile ». C'était à une autre époque, heureusement. Jusqu'à ce jour, mon père n'a jamais voulu en parler avec moi. On a fait comme si de rien n'était.

J'en ai déjà voulu à papa d'avoir gardé le silence, de s'être rangé du côté des Landry sans se porter à ma défense comme le héros qu'il était. Aujourd'hui, je comprends la pression qu'il ressentait à l'égard des Landry, la peur des représailles, la pensée douloureuse de n'avoir pas pu empêcher le mal d'être fait. J'éprouve du respect pour son choix de ne pas parler. Qu'aurait-il pu dire de toute façon ? Je lui ai pardonné et n'ai aucun reproche à lui faire. Après tout, cela n'a jamais été sa faute.

Je suis fière et reconnaissante d'être sa seule et unique fille (préférée). Si je suis humoriste aujourd'hui, c'est en grande partie grâce à lui. Il a cru en des talents que je ne pensais même pas avoir. Pas besoin d'un test d'ADN pour affirmer que mon père est bien le mien. En plus de nous ressembler physiquement, nous avons le même humour. Comme lui, j'ai besoin de déclencher le rire des gens qui m'entourent. Chaque fois que j'y parviens, c'est une victoire, je jubile de l'intérieur, même si je m'efforce de ne pas trop le laisser paraître, de cacher mon enthousiasme. Je sais que c'est idem pour lui parce que nous affichons la même expression faciale après une

> **« *Ce n'est pas pince-sans-rire, mais plutôt sourire-en-coin-pincé-pour-se-retenir-de-rire.* »**

blague qui fonctionne. Ce n'est pas pince-sans-rire, mais plutôt sourire-en-coin-pincé-pour-se-retenir-de-rire.

Aujourd'hui, mon père a soixante-quatre ans. Il vieillit bien, il est actif et en pleine forme. Quand je le vois, nous marchons dans les bois, faisons des tours de ponton et des mots croisés, on flatte les animaux et on taquine ma mère. Ce sont mes parents préférés. Puisque tu liras probablement ces mots, merci pour tout, papa. Comme dirait Jean Leloup, je veux te dire que je t'aime voilà.

Maude Landry est passée par un drôle de chemin pour devenir humoriste. D'abord désireuse d'élever des reptiles, elle s'est passionnée pour le théâtre, les arts et le langage dès le secondaire. Après avoir fait ses études collégiales en cinéma, elle a abouti à l'université en traduction. Elle ne se souvient plus trop de cette période, puisqu'elle menait une double vie grâce à l'improvisation et aux soirées d'humour de Montréal. Aujourd'hui, elle est aussi comédienne et musicienne à ses heures, cruciverbiste sportive et obsédée par la documentation scientifique. Une personnalité éclectique toujours en quête de nouveaux amis.

Crédit photo : Andréanne Gauthier
Photo d'enfance : Archives personnelles

FILLE À PAPA

par Daphné Létourneau

J'aurais pu vous dire que j'ai eu un père absent, un père alcoolique, manipulateur. Un père qui partait pendant des semaines sans donner de nouvelles et qui revenait avec une nouvelle pitoune. Une nouvelle belle-mère à chaque Noël. Une belle-mère au teint orange, la face remplie de botox qui m'obligeait à faire toutes les corvées de la maison et qui m'empêchait d'aller au bal des finissants parce qu'elle voulait que toute l'attention soit sur mes deux demi-sœurs laides et méchantes[1].

Malheureusement pour mes auditions à *La Voix* où l'on peut remarquer ma légère tendance à aimer les histoires dramatiques, mais heureusement pour ma santé mentale, j'ai un père attentionné, à l'écoute, courageux, et il boit juste la bonne quantité d'alcool dans les partys[2]. En un mot, c'est le papa dont rêve tout enfant.

---

1. Voir le film *Cendrillon*, la version avec Hillary Duff.
2. Il est parfois un peu pompette, mais je ne l'ai jamais ramassé soûl à l'envers dans les escaliers avec un chapeau « Bonne fête, Marcel » sur la tête.

Malgré tout, j'ai l'impression que toutes les relations père-fille sont problématiques à leur façon. Même si nous avons le meilleur père au monde, un jour ou l'autre, nous devons toutes accepter que notre père ne soit pas l'homme qu'on épousera. « Bonne affaire », me dis-je aujourd'hui, du haut de mes vingt-sept ans[3], mais à trois ans, c'est comme une première peine d'amour. Allez lire sur le complexe d'Électre, c'est troublant, apportez-vous une guenille pour mordre dedans.

La peur de grandir

J'ai eu plusieurs disputes avec mon père, comme lorsque je laissais traîner ma serviette mouillée en motton sur le plancher de bois franc, lorsque je ne portais pas mes lunettes devant la télévision, quand je partais skier avec une seule mitaine, ou quand je sortais en souliers de course dans une tempête de neige ou en manteau d'hiver style « chandail bedaine ». Mais la chose la plus difficile que j'ai eu à vivre avec lui est ma peur de grandir, de ne plus être sa petite fille à ses yeux. Plus que tout au monde, je veux le rendre fier... Pourtant, je ne suis pas sûre qu'agir en enfant de sept ans toute ma vie lui procurerait une fierté incommensurable.

Quoique ce serait beaucoup plus simple en un sens. Mes chicanes pourraient s'apaiser si j'allais tout rapporter à ma mère. Plus besoin de mouchoirs, j'aurais mes doigts pour me fouiller dans le nez. Payer mes impôts ? Je ferais

3. Je jure que je ne veux plus me marier avec mon père, ça serait trop bizarre dans les partys de Noël.

de beaux dessins au gouvernement. Et surtout, fini les *dates*, parce que les garçons, c'est dégueu. À la place, je jouerais à *Adibou* ou aux *Sims* quand je ne serais pas en train de feuilleter le dernier exemplaire du magazine *Cool!* sur le coin de la table, prête à faire un test de personnalité pour savoir quel personnage des *Frères Scott* je suis[4]. Le rêve.

J'ai parfois l'impression que devenir adulte revient à admettre que je n'ai plus besoin de mon père. Alors qu'au fond, j'ai encore besoin de lui. En fait, je crois que ça sera toujours ainsi. Parfois, je pense aussi qu'être adulte revient à renoncer à écouter *Nemo*, *Le Grinch* ou *Une vie de bestiole*. C'est aussi et surtout avouer à mon père que j'ai des défauts. Oui, je me suis déjà soûlée au point de ne plus me souvenir de ma soirée[5]. J'ai déjà fumé aussi. Et souvent, je n'arrive pas à payer ma carte de crédit à temps. Pour moi, devenir adulte c'est reconnaître surtout que je ne suis pas rendue là où je pensais être à mon âge. Que voulez-vous, être une humoriste de la relève, c'est ça que ça donne : on est pauvres et un peu trop sur le party. Je crois que ma difficulté à grandir dans certaines

« ...devenir adulte c'est reconnaître surtout que je ne suis pas rendue là où je pensais être à mon âge. »

4. Je pense que je serais Peyton. Jeune artiste sombre un peu déprimée. Je ne suis rien de tout ça, mais j'aimerais beaucoup finir ma vie avec Lucas Scott.
5. Désolée pour les personnes présentes ce soir-là, je ne voulais pas vomir dans le lavabo.

sphères de ma vie m'affecte. J'ai d'ailleurs le syndrome de l'imposteur quand j'entreprends quelque chose. Je me cache souvent derrière des rôles de nounoune sur scène. C'est plus facile pour moi. Bien sûr, j'adorerais aborder des sujets sérieux dans mes textes, changer le monde, une blague à la fois, mais je ne m'en sens pas capable parce qu'une part de moi a encore sept ans.

Ma sœur a récemment eu un bébé et quand je m'occupe de sa fille, j'ai l'impression de jouer à la poupée. Surtout devant mon père, malgré mes vingt-sept ans. Même si j'essaie de changer ma façon de penser, il est parfois difficile pour moi de lui montrer que je ne suis plus une enfant et que je me réalise comme adulte. J'ai le sentiment que si je change trop soudainement, nous perdrons tout ce que nous connaissons le mieux l'un de l'autre. Cela dit, il a tendance à se rattacher beaucoup à mes souvenirs d'enfance et à la petite fille que j'étais. Enfant, j'étais très distraite, souvent dans la lune. Je le suis encore un peu, c'est vrai. Ado, j'avais notamment l'habitude de perdre mes clefs. J'avoue avoir souvent eu recours au double caché dans[6]... Seulement, oublier mes clefs, c'est l'ancienne Daphné qui faisait ça. Celle qui avait quinze ans. C'est tout un défi de montrer qu'on a changé et vieilli quand on est deux à se rappeler l'ancienne version de soi-même.

Je ne vis pas la même chose avec mon père qu'avec ma mère. Ma mère fait ressortir mon côté plus rebelle, mes frustrations les plus profondes. Pourquoi ? Je ne le sais pas. Peut-être parce que je n'ai aucun filtre avec elle. Je sais que je peux me laisser aller complètement. Peut-être

6. Je ne vous le dévoilerai jamais. De toute façon, j'ai oublié où je cachais mon double.

un peu trop parfois. Désolée, maman. Malgré tous les inconvénients que ça peut engendrer, avoir une personne en ce monde qui te permet d'être toi-même à 100 % est une chose très précieuse. Et je suis très reconnaissante envers ma mère de me permettre de connaître cette sécurité-là.

> *« Tout me ramène encore à la petite fille à papa que je suis. »*

Je pense qu'il est normal qu'une relation mère-fille soit totalement différente d'une relation père-fille. Avec mon père, j'agis autrement. La plus grande difficulté que j'ai rencontrée en écrivant ce texte tenait au fait de savoir que mon père le lirait un jour. Peut-être parce que j'ai peur de l'affronter en quelque sorte, de lui dire que pour moi, sa fille, certains de ses jeux de mots ne sont pas si drôles que ça[7]. Mais quand c'est mon père qui les dit, je ris. C'est ancré en moi depuis toujours. Pourtant, si c'était ma mère qui me disait : « Daphné, si tu as quelque chose à demander à Josée, tu pourrais lui dire : J'*osai* pas te le demander », je lui ferais signe de quitter l'établissement. J'aime autant mes deux parents, mais de façon très différente.

Filtrer ses émotions

J'ai toujours eu plus de facilité à me confier à ma mère quand ça va mal et à mon père quand ça va bien. Je me suis posé la question récemment. Pourquoi je ne suis pas

7. Désolée, papa, mais maintenant c'est moi l'experte des blagues de la famille et je ne te donne pas A+ pour tes jeux de mots.

capable de parler à mon père sans effort quand je suis plus vulnérable ? Pourtant, je sais qu'il est de bonne écoute et qu'il serait de bon conseil. Malgré tout, j'ai un blocage, ce motton dans la gorge qui m'empêche de le faire. Alors, je me retiens. Tout me ramène encore à la petite fille à papa que je suis. Quand je parle à mon père, je suis trop souvent émotive[8]. Je me sens en faute. Comme si je lui rapportais un bulletin du primaire avec une note de ma professeure disant que j'ai traité un camarade de « laid pas fin[9] ». Pas qu'il ne me fasse pas sentir bien pourtant. À bien y penser, je n'ai jamais vraiment vu mon père en larmes ou pas en contrôle. Je l'ai toujours vu solide comme un roc[10]. Alors, avec lui, je ne veux pas avoir l'air de l'amie lourde qui est toujours en peine d'amour[11]. Je veux me montrer forte, même si je sais que ça le blesse que je ne lui donne pas ce rôle de confident.

Être une enfant gâtée

Papa a toujours eu du mal à me dire non. Je ne suis pas du genre à en profiter, mais alors pas du tout, même que ça me restreint dans mes demandes, parfois. Si un jour ma fille va au chalet avec ses amis de l'école de l'humour et revient en me disant qu'un *speaker* Bose est tombé en bas des marches sans que personne n'y ait touché[12], je lui

8. C'est très lourd de vouloir pleurer en demandant à mon père de me passer le poivre.
9. Il avait juste à cocher « oui » quand je lui ai demandé de sortir avec moi.
10. J'utilise très rarement cette expression et je crois que ce sera la dernière fois.
11. En même temps, elle retourne toujours vers le même gars qui lui dit : « Toi pis moi, c'est spécial, *Babe*... J'aime l'attention que tu me donnes. »
12. Je le jure sur la tête de ma nièce qu'il est tombé sans que personne ne le touche. Mais il y a des esprits qui habitent ce chalet, je l'ai toujours dit.

ferais faire 450 heures de travaux communautaires. Mon père, lui, non. Je pense donc ne jamais avoir vécu l'étape où je rejetais mon père. Je pense même que j'aurais pris un peu plus de confrontation avec lui étant jeune. J'aurais aimé pouvoir lui dire: «ARRÊTE, PAPA. TU GOSSES, TU GÂCHES MA VIE.» J'aurais eu besoin qu'il me protège un peu moins. Qu'il me confronte sur plus de sujets que celui de l'école. En même temps, son écoute a toujours été extraordinaire... Ouf! Ça a tellement l'air compliqué d'être parent. Il n'y aurait pas une recette?

> **“ Mon père m'a toujours comprise sans que je parle. ”**

Émotionnellement, je ressemble un peu plus à mon père. On vit nos choses en dedans, comme on dit. On s'est créé un monde intérieur rassurant. Mon père m'a toujours comprise sans que je parle. C'est peut-être pour ça que je n'ai pas pris l'habitude de me confier à lui. Dans ma tête, il sait. Il sait déjà. Il savait donc que j'avais besoin d'être dans ma bulle, dans mon monde à moi. Mais j'aurais peut-être eu aussi besoin qu'il m'en fasse sortir un peu de temps en temps. Malgré nos ressemblances, on reste deux personnes à part entière et rien que pour ça, on aurait dû moins présumer qu'on se comprenait. Juste au cas où.

Avoir trois ans

Il faut savoir qu'à l'âge de trois ans, en plus de comprendre que mon père ne serait pas l'homme de ma vie, j'ai appris qu'il n'était pas non plus celui de ma mère. Mes parents se sont séparés après douze ans de vie commune. Selon mes lectures sur la psychologie humaine, le père doit montrer très tôt à sa fille qu'il l'aime d'un amour différent de celui de sa mère. Je n'ai même pas eu le temps d'être jalouse de ma mère qu'ils n'étaient plus ensemble. Une franche compétition mère-fille pour l'amour de son père, c'est ce que je n'ai pas eu la chance/malchance d'avoir. C'est peut-être pour ça qu'aujourd'hui, l'idée de me battre pour un garçon me dresse le poil sur les bras[13].

Malgré leur rupture exemplaire, je pense que ce n'est jamais évident pour une enfant de perdre un de ses parents une semaine sur deux. C'est beaucoup de questionnements entre deux séances de Barbie : « Est-ce que ma mère est triste seule chez elle ? Est-ce qu'elle s'ennuie ? S'il arrive quelque chose pendant qu'elle est seule, qui sera là pour l'aider ? » À bien y repenser aujourd'hui, même pendant ma semaine avec elle, qu'est-ce que j'aurais pu faire contre un malfaisant ? Mon plan était de lui lancer mon yogourt Danone. Toutes ces questions se heurtaient dans ma tête, mais jamais au sujet de mon père. J'ai toujours supposé qu'il était bien. Maintenant, je me rends compte que c'était injuste de ma part de tenir pour acquis que mon père ne trouvait pas ça dur d'être séparé de ses filles une semaine sur deux. C'est parce qu'il travaillait beaucoup. Ma sœur et moi avons donc passé beaucoup plus de temps avec ma mère qu'avec mon père après leur

13. Tu hésites ? Tu ne réponds pas à mes messages ? Trop tard, je suis déjà mariée avec un autre depuis quinze ans. On se reparlera quand tu auras le temps que je mérite.

rupture. Je l'ai toujours vu comme un homme très occupé, donc pas triste.

Ma grand-mère me raconte souvent la même histoire. Trop souvent. Trois fois par mois. Ma grand-mère est atteinte de la maladie d'Alzheimer, alors je réécoute la même histoire chaque fois comme si c'était la première. Parfois, parce que je suis humoriste et que je ne peux m'en empêcher, je la devance en racontant la fin avant qu'elle le fasse. Je lui dis ensuite que j'ai des visions et que les mortels me surnomment *Phénomène Raven*. Suit un bon rire... Elle rit aussi[14].

L'histoire se déroule au centre commercial. J'y étais allée pour faire des emplettes avec ma grand-mère et ma tante. Que voulez-vous, une jeune fille de trois ans a besoin de faire le plein de toutous une fois de temps en temps. C'est alors que nous sommes arrivées devant la fontaine du Carrefour Laval, parce que, oui... je viens de Laval[15].

Alors que nous regardions l'eau jaillir, ma tante m'a appris que si j'y jetais des pièces de monnaie, je pourrais faire un vœu. Pourquoi je lancerais de l'argent dans une fontaine ? Si je fais ça, comment je vais pouvoir payer le petit husky en peluche que j'ai vu dans la vitrine du HMV[16] ? C'est la réflexion que j'aurais dû avoir.

Seulement, sans réfléchir, j'ai lancé le dix sous que j'économisais depuis des lustres. Jusqu'ici tout allait bien. Puis,

14. Fallait être là.
15. Insérez votre jugement ici.
16. Repose en paix, HMV.

ma tante m'a demandé de lui dire mon vœu. Aujourd'hui, je sais bien que si je le lui dis, il ne s'exaucera pas, mais j'avais trois ans et il me manquait des infos. J'ai alors dit mon souhait à voix haute: «Je souhaite que mon papa m'aime toujours.»

Oh là là! … Psychologues de ce monde, lancez-vous sur moi pour vos sujets de recherche!

À trois ans, j'avais cette peur irrationnelle que mon père cesse de m'aimer. À mon avis, la seule peur qu'un enfant devrait avoir à cet âge, c'est d'être oublié dans une armoire pendant une partie de cache-cache. La vérité, c'est que je souhaitais réellement que mon père m'aime toujours. Qui ne souhaite pas ça? La beauté de la chose, c'est que malgré tous les faux pas et les défauts que comporte notre relation, il me l'a démontré tout au long de ma vie. Sauf peut-être la fois au secondaire où j'ai séché un cours de musique pour aller me faire faire des mèches blondes au salon de coiffure[17].

Être dans le même domaine

Depuis toujours, je veux que mes parents soient fiers de moi. Je ne crois pas que ce soit un sentiment trop spécial non plus. Ce serait triste que je veuille décevoir mes parents à tout prix. Mais travailler dans le même domaine que ses parents, ça c'est une mauvaise idée. Comme mon père, je voulais faire de la télévision. Ça me donne certaines facilités par rapport à d'autres, mais c'est aussi un défi. Oui, il est là pour m'aider, pour me conseiller,

17. S'il m'aimait vraiment, il aurait compris que c'était une nécessité.

mais j'ai aussi envie de faire les choses moi-même, et parfois, les conseils des personnes trop proches sont durs à accepter. Je voudrais apprendre des choses à mon père, lui redonner ce qu'il m'a donné toute ma vie. Et il y a des jours où je me dis que j'aurais dû prendre la voie facile et devenir chirurgienne[18]. Comme ça, pas de comparaison, pas de compétition. Peu importe ce que j'aurais accompli en médecine, mon père n'aurait eu aucune maudite idée de ce que je faisais: « Bravo, Daphné, pour ta première opération à cœur ouvert, tu m'expliqueras comment on procède, un jour, autour d'un bon café. » Là, quand mon père me donne un conseil, j'ai de la difficulté à l'intégrer. Je n'arrive pas toujours à faire la différence entre mon père le réalisateur et mon père, la personne à qui je devrais répondre: « Dis-moi pas quoi faire, c'est moi toute seule. » C'est un peu là que ça se corse. Le travail est le seul sujet sur lequel je suis capable de le confronter un minimum. Dommage pour moi que ce soit *le* domaine où il a déjà un entrepôt rempli d'expériences et de connaissances.

Essayer d'accoter mon père

Que ce soit dans son travail ou pour patenter un système de poulie maison pour faire passer un piano à queue dans le cadre d'une fenêtre au deuxième étage, mon père sait tout faire. Le problème là-dedans, c'est que moi, j'aime quand même assez ça me la couler douce. C'est quelque

18. À tous les médecins du monde entier qui lisent ce livre, je sais que votre travail n'est pas facile. Mais les seules fois où j'ai vu mon père faire une recherche sur Google, c'était pour écrire: « symptômes grippe d'homme ». J'en conclus que c'est le seul domaine où je pourrais lui apprendre quelque chose.

peu troublant de regarder son père construire un patio de ses mains pendant que tu finis la quinzième saison de *Grey's Anatomy*. Mon paternel est un homme qui s'intéresse à tout ce qui l'entoure. En ce moment, ce sont les érables à sucre près du chalet familial. Son dernier projet est de faire son propre sirop. Tout ça, bien sûr, en s'occupant de tout le reste, y compris réparer la fosse septique.

> **“ *Faire les choses en grand, pour moi, tient aussi dans les petites attentions du quotidien, c'est savoir être simple.* ”**

Mon père a toujours tout fait pour ses filles. Moi, j'essaie d'apprendre à me connaître, étant célibataire pour la première fois depuis mes quatorze ans[19]. J'aurais aimé hériter de sa curiosité, de sa soif d'apprendre. Pourtant, me lancer dans quelque chose d'inconnu est parfois angoissant. Et puis, j'ai tellement peur de mal faire. Même si c'est en faisant des erreurs… oups!… qu'on se rend compte que ces échecs n'empêchent pas la Terre de tourner.

Trouver un chum qui accote mon père

On dit que l'on recherche tous un peu nos parents chez notre partenaire. Si c'est mon cas, maudit que je ne suis pas sortie de l'auberge! Mon papa est un homme et un partenaire de vie extraordinaire. Il fait tout en grand.

---

19. Ma vie de célibataire se résume souvent à réécrire à mon ex.

Que ce soit pour organiser les cinquante ans de sa blonde, réaliser un *show* télé en direct, ou bien préparer un *grilled cheese* rempli d'amour le matin, il se donne à fond, surtout en amour... Faire les choses en grand, pour moi, tient aussi dans les petites attentions du quotidien, c'est savoir être simple. Simple dans ce qu'on attend de l'autre, tout en se respectant. Simple dans la façon de vivre, dans la façon de se parler. Prendre le temps d'apprécier ce qu'on a dans ce monde qui nous rappelle sans cesse que tout est compliqué. Trouver aussi la simplicité dans la façon de régler un problème. C'est difficile de trouver quelqu'un qui remplit toutes ces cases. À date, je ne l'ai pas rencontré. Dans presque toutes mes relations passées, je n'étais pas bien. Je me demande souvent dans quelle relation je serais encore si je n'avais pas eu le père que j'ai.

Séparation succès

Mes parents se sont donc séparés à mes trois ans et sont restés de très bons amis. Mon père invite ma mère chaque Noël. Cet exemple de rupture m'a laissé de « bonnes séquelles ». Par contre, j'ai compris récemment que l'idée de rester avec la même personne jusqu'à la fin de mes jours me terrorise et me semble même impossible. Pour moi, la famille, c'est plein de personnes différentes qui passent dans ma vie et me font grandir. Alors, quand je rencontre quelqu'un, la première question que je me pose, c'est : est-ce qu'il a bon caractère ? Et, plus problématique : pourrons-nous rester amis quand nous nous séparerons ? Dans le fond, quand je me fais un chum, je sais que je suis avec la bonne personne quand je me dis qu'on pourra se laisser en bons termes. En ce moment, je rêverais d'avoir un enfant avec mon meilleur ami. Comme ça, étant déjà amis, on s'éviterait la rupture.

Bien sûr, aucun parent, aucun enfant n'est parfait… Par conséquent, aucune relation n'est parfaite non plus, mais c'est ce qui fait qui nous sommes. Tout le monde peut changer et grandir. La relation entre un père et sa fille est quelque chose de complexe et simple à la fois. Le plus important reste l'amour et la communication, car tant qu'il y a ça, on a ce qu'il faut pour grandir ensemble.

Daphné Létourneau a obtenu son diplôme de l'École nationale de l'humour en 2017. Elle fait maintenant son chemin seule dans le monde de l'humour. Jeune femme (ou vieille fille) de vingt-sept ans, elle adore inclure la musique à son humour et faire rire en chanson. Vous avez pu l'apercevoir à Vrak dans l'émission *ALT*, à *L'heure est grave* à Télé-Québec, dans *Paquet de troubles* et *Le prochain stand-up* sur Noovo, ainsi que lors du gala-bénéfice du 30e anniversaire de l'École nationale de l'humour au Théâtre St-Denis. On l'a aussi aperçue devant l'Académie française en train de crier: « Femme devrait s'écrire avec un A. »

Crédit photo: Sacha Bourque
Photo d'enfance: Archives personnelles - Été 1999, Île d'Orléans.

PÉPITO

par Andréanne Théberge

***Saint-Hubert*, 27 *décembre* 2018**

Je suis dans le sous-sol sombre d'un bungalow ordinaire de Saint-Hubert, attablée derrière un bureau de mélamine noire. Le froid humide du début de l'hiver me traverse le corps. Je me demande vraiment ce que je fais ici. Moi qui étais pleine d'espoir en me préparant à ce rendez-vous, je doute maintenant de sa pertinence. Malgré le malaise, je suis tout de même fébrile à l'idée de ce que je m'apprête à vivre. Plusieurs disent que ça a « changé leur vie », ou du moins une certaine partie, et je me demande si ce sera la même chose pour moi.

J'observe la femme assise devant moi, une cinquantaine d'années, le nez proéminent, les cheveux en bataille, habillée d'un polar à zip noir démodé. Elle griffonne des dates et des noms sur une tablette de papier ligné, informations que je lui ai données à mon arrivée.

Quatre mois d'attente pour ce rendez-vous. Pour la voir, elle. C'est qu'elle est très demandée, cette brunette. Elle a un don: elle voit l'avenir. « En parlant à nos anges », dit-elle. Nous aurions supposément des anges qui nous suivent et nous guident, et avec qui cette femme serait capable de communiquer. C'est ce qu'elle m'explique sur le ton de l'évidence, me disant que c'est de famille, chez elle. Son père avait ce don, et elle s'est rendu compte qu'elle en avait un aussi à l'adolescence. Elle accepte maintenant de partager sa prédisposition avec d'autres. Personnellement, je ne souhaite que rencontrer une voyante, peu importe comment elle s'y prend et avec quel être de l'au-delà elle parle. Elle pourrait lire dans les feuilles de thé comme dans *Harry Potter*, je veux juste voir si c'est vrai, si ça marche!

Je suis donc assise sur cette chaise de bureau moche avec la plus grande ouverture d'esprit du monde, et je dois avouer que j'ai très hâte de voir ce qu'elle va sortir comme vérité sur ma vie. J'ai de grandes attentes. Après avoir patienté aussi longtemps pour obtenir ce rendez-vous, j'exige le top de la voyance. Je ne crois pas nécessairement à ce monde occulte, mais... si jamais ce qu'elle me dit là, dans quelques minutes, arrive pour vrai? Juste l'idée me donne des frissons.

La voyante me pose plusieurs questions sur mon entourage, puis c'est le silence total, ce qui augmente encore plus mon inconfort déjà à son paroxysme. Elle s'affaire à des calculs que je ne crois pas avoir appris dans mes maths 436. Finalement, la première phrase qu'elle me dit, c'est: « Pourquoi tu ne te permets pas de rencontrer quelqu'un ? » Comment sait-elle que je suis célibataire? S'ensuit: « Tu vas faire beaucoup d'argent cette année. » Ah oui? « Tu vas avoir un enfant à trente et un ans.» Eh *boy*, ça m'étonnerait! «Tu vas acheter une propriété d'ici deux ans.» Impossible! Je viens tout juste d'acheter un condo dans Rosemont, il y a deux ans, à l'âge de vingt-cinq ans. Jeune comédienne, je ne vois pas du tout comment je pourrais me permettre d'acquérir une nouvelle maison. Devant mon refus net de croire en cette dernière révélation de «mes anges», elle me répond, le regard perçant, que c'est écrit là, peu importe ce que j'en pense. C'est ce qui va arriver. Fin de la séance.

À ma grande surprise, je sors très énergisée de cette atmosphère étrange. Je mets la musique à fond dans ma voiture, je chante et me dandine sur mon siège. Je me sens bien, je me sens forte, comme si tout un monde venait de s'ouvrir à moi. Un monde jusqu'alors inconnu, et que je jugeais négativement ce matin encore.

Je comprends mieux pourquoi certaines personnes utilisent la voyance comme aide psychologique au lieu de la psychothérapie. Ça permet de faire la paix avec son futur, d'une certaine façon. Ça calme. Je me dis que pour commencer l'année 2019, c'est le plus beau cadeau que je pouvais me faire. Quatre-vingts dollars très bien investis.

• • •

Pourtant, au fil des semaines qui suivent, c'est tout le contraire qui survient. Mon apaisement laisse place à l'angoisse et à une grande inquiétude. L'idée que tout serait écrit d'avance me trouble.

Je n'aime pas croire que les choix que nous pensons faire selon notre libre arbitre seraient tous dictés à l'avance. Je n'aime pas ça, mais alors pas du tout. Après quelques semaines, je regrette même d'y être allée. Je repense à ce que cette femme en polar noir m'a dit ce matin-là jusqu'à l'obsession.

Force est d'admettre que depuis cette rencontre, j'ai pris quelques décisions en fonction de ce que cette voyante m'avait dit. Parce qu'elle m'avait persuadée que ces choses-là arriveraient. J'ai commis des gestes que je n'aurais jamais faits sinon. Du genre, tenir un peu pour acquis celui que je fréquentais, puisque de toute façon, nous allions avoir un enfant ensemble dans cinq ans. Ark. J'ai honte.

***Longueuil*, 2019**

Je suis assise dans la cuisine de la maison de banlieue de mon père, dans le quartier où j'ai grandi. C'est dans cette cuisine aux armoires de mélamine repeintes que j'ai mangé pour la première fois, où se sont déroulés des milliers de soupers de famille avec mes deux petites sœurs et mes parents aimants et souvent épuisés[1].

C'est aussi dans cette cuisine que mon père a accroché une balançoire afin que mes petites sœurs et moi puissions nous amuser pendant que ma mère et lui s'affairaient aux tâches ménagères. Je n'ai jamais connu d'autre maison

1. J'ai calculé qu'étant partie de la maison à dix-huit ans, et même en étant sortie quelquefois, j'ai eu droit à environ 6 500 soupers en famille dans cette maison.

que celle-là jusqu'à mon départ en appartement pour l'école de théâtre.

Durant cette canicule de juillet, mon père et moi grignotons un léger goûter d'après-midi. Sûrement une mangue ou une pêche pour moi, du fromage ou un œuf pour lui.

– Pourquoi tu vends pas la maison, papa ?

Mon père manque de s'étouffer. Il me regarde avec jugement, mais surtout avec déception. Il me répond du revers de la main. Je sens qu'il n'a pas envie d'en parler, de s'expliquer. C'est un sujet sensible pour lui, à un point tel que, malheureusement, je ne peux pas le comprendre. Je ne peux pas comprendre son entêtement. Cette maison est trop grande pour lui, maintenant que ses trois filles et son ex-femme sont parties. Une maison remplie à ras bord d'objets de toutes sortes, allant des outils pour travailler à ces choses trouvées au bord du chemin, jusqu'à des meubles empilés « au cas où on en aurait besoin ».

Mes parents se sont séparés il y a six ans, et mon père a gardé la maison. Trop d'outils, trop d'objets, trop de souvenirs. Juste l'idée de déménager tout ça alors qu'il se séparait de la femme avec laquelle il avait partagé vingt-trois ans de sa vie était insupportable, insurmontable. Il gardait la maison, point barre !

Mon père est un homme à tout faire qui fait de tout. Il fait des travaux de toutes sortes chez des amis et des membres de la famille. Il ne va presque jamais chez des inconnus et ne prend pas beaucoup de contrats par année, car il est rapidement débordé par la surcharge des tâches : remplir le camion d'outils, le vider, le remplir, le revider. Tout cela l'épuise, avec raison.

Pour racheter la part de maison à ma mère, il a dû retourner pratiquer le métier d'expert en sinistre dans une compagnie d'assurance connue, travail qu'il a exercé pendant vingt ans pour nourrir sa famille et justement, acheter cette maison. D'abord un bon gagne-pain, c'est un travail qu'il a fini par détester. Mon père a toujours eu en horreur le standard du 9 à 5. Il ne comprend pas que les gens acceptent de se conformer à cet horaire qui les rend trop souvent malheureux. Il m'a bien sûr transmis cette aversion. Il rit et se scandalise avec véhémence de ceux qui baignent dans le trafic soir et matin. Il fait tout pour ne pas s'y trouver. Mon père est du genre à débarquer chez vous à 16 h 30 avec une bouteille de rosé pour laisser passer le troupeau de voitures des travailleurs-zombies. Mon père préfère vivre simplement, limite pauvrement, plutôt que de se conformer à ce rythme qu'impose notre société capitaliste.

Je l'admire d'avoir eu l'audace de faire ce changement de vie radical. Lorsque j'étais une adolescente fréquentant un collège privé où les métiers élitistes sont vénérés, je voyais le choix de mon père comme une faiblesse. Comme si ne pas travailler tous les jours comme tout le monde était synonyme de manque d'ambition et d'impuissance. Une chance, j'ai fini par m'ouvrir les yeux et j'ai su écouter la petite voix qui me soufflait que je serais plus heureuse en arts. Ma mère m'a emmenée visiter le cégep de Saint-Hyacinthe qui offrait l'option théâtre, et ce, quelques jours avant la date limite du troisième tour des inscriptions, les suppliant de me prendre. Et mon père m'a montré que ça se pouvait, se frayer un chemin dans une forêt sauvage.

Après la séparation, le retour au travail « normal », dans la grosse compagnie d'assurance, n'a donc pas été facile. Lorsqu'il a commencé, il m'a demandé de lui refaire sa garde-robe, de lui acheter de belles chemises de travail, un veston et un manteau propres, un beau foulard. J'étais alors dans ma dernière année à l'école de théâtre, de retour chez lui pour quelques mois, le temps que je me remette moi aussi d'une rupture douloureuse... Six mois plus tard, une fois le prêt hypothécaire approuvé, il quittait l'entreprise à nouveau. Trop dur pour lui, trop éprouvant. Il garde encore tous ses vêtements dans son armoire pour les grandes occasions.

“ *Et mon père m'a montré que ça se pouvait, se frayer un chemin dans une forêt sauvage.* ”

• • •

Ce n'est pas la première fois que je demande à mon père pourquoi il ne veut pas vendre la maison. J'aimerais comprendre. Pourquoi être tant attaché au matériel ? Mon père a du mal à se défaire des pots en verre qui contenaient les olives de Costco, alors se débarrasser d'une maison pleine de souvenirs... Je dois dire que c'est un « ramasseux », tout comme l'était son père à lui. Je crois qu'il ressent une grande satisfaction quand il a besoin de quelque chose, et qu'il réalise qu'il le possède déjà, bien enfoui quelque part dans son garage. Et son bonheur est décuplé quand il l'a ramassé sur le chemin, abandonné par son propriétaire. Ça le rassure sûrement de penser qu'il ne manquera de rien. Adolescente, je ne pouvais m'empêcher de trouver ça triste. Pourquoi préférer vivre en étant submergé d'objets qui nous serviront peut-être un jour, plutôt que de se le procurer le jour où on en a effectivement besoin?... D'où vient ce profond besoin de ne manquer de rien?

J'insiste:

– Papa, pourquoi tu ne vends pas la maison? Tu n'en as pas vraiment besoin...

Le regard triste de mon père, alors que nous sommes assis face à face dans la salle à manger devant la pêche, la mangue ou le fromage, je veux le comprendre. Parce que, d'une façon complètement inattendue, il y a quelques jours à peine, nous avons acheté une terre ensemble.

Eh oui!

Depuis le fameux 27 décembre 2018, tout ce qui m'avait été prédit dans ce sous-sol glauque de Saint-Hubert n'avait été que grande déception. La fameuse saison 2 de la série télé *Demain des hommes* dans laquelle je tenais un rôle n'a jamais vu le jour, et je n'ai pas gagné la somme d'argent colossale dont la voyante m'avait parlé.

Mais ce que j'avais refusé de croire avec conviction ce jour-là, à savoir l'achat d'une propriété, est comme tombé du ciel dans ma vie et celle de mon père! Je n'ai pas compris tout de suite que cela faisait partie des révélations de mes anges. C'est bien plus tard, alors que je me plaignais encore qu'aucune de ces prédictions ne s'était réalisée, que j'ai allumé. Ça ne m'a pas plus réconciliée avec la dame-qui-parle-aux-anges. Je pense toujours que j'ai gaspillé quatre-vingts dollars.

> ***« Il parle de ses rêves avec autant de passion que s'ils étaient sur le point de se réaliser. »***

Mon père, ma tante et moi sommes donc propriétaires d'une terre à Rawdon, juste à côté du chalet familial que mon papi et ma mamie ont acheté il y a plus de cinquante ans. Ma tante a choisi ce terrain pour qu'un entrepreneur ne mette pas le grappin dessus et détruise le charme de l'endroit. Elle voulait garder ce lieu pur et calme. « C'est là que je me sens apaisée », dit-elle. Pour moi, ce sera l'endroit où j'aurai un jour mon chalet, ma maison de campagne, le jour où j'aurai une famille... D'ailleurs, la voyante m'avait bien dit que je recevrais une magnifique déclaration d'amour en janvier 2019. Pourtant, l'été suivant, je me suis enfuie à Copenhague avec une amie célibataire pour mettre du piquant dans nos lits froids... Maudite voyante !

Pour mon père, l'achat de ce terrain veut dire beaucoup. Ça fait des années qu'il dit vouloir aller vivre en campagne, pour ne pas dire « vieillir en campagne », et avoir enfin le ou les chiens dont il rêve. Il n'a jamais pu en avoir en ville, car il est terriblement allergique, mais avec une niche, ça passerait. J'ai hâte pour lui. Il parle de toutes ces choses qu'il veut y faire avec grand enthousiasme. Et pour en parler, il en parle !

Mon père aime verbaliser tous ses nouveaux projets auprès de n'importe quelle oreille attentive comme auprès de gens trop polis pour couper court à son monologue. Il parle de ses rêves avec autant de passion que s'ils étaient sur le point de se réaliser. Il expose ses plans comme si on en faisait partie. Il a toujours été comme ça. Il a besoin qu'on le rassure, qu'on lui dise qu'on est avec lui, qu'il n'est pas seul, qu'il fait les bons choix. Cette insécurité m'a souvent dérangée, limite fait honte. J'y voyais là un côté très enfantin. On n'a pas envie de voir les rôles inversés pour devenir celui ou celle qui rassure son parent. Notre père est censé être le plus grand, le plus fort, le meilleur.

Mon père a besoin d'exprimer ce qu'il ressent. Il le voit même comme un signe de générosité envers les autres. Il montre ainsi qu'il est ouvert, qu'il réfléchit. Dans mon souvenir, mon père ne s'est jamais identifié au stéréotype du « mâle ». Il n'a jamais rêvé de ressembler à ces hommes en cravate qui veulent donc « avoir l'air d'un homme ». Ça l'écœure, à la limite. Il nous a toujours encouragées à bouger, à réfléchir, à veiller à notre éducation, à notre santé générale et à notre bien-être.

Chez nous, ma mère passait la tondeuse pendant que mon père se plaisait à mettre le linge sur la corde. Mon père aime beaucoup faire du lavage. Il met le linge quelques minutes dans la sécheuse, mais pas trop, juste ce qu'il faut afin d'enlever le trop-plein d'eau, pour ensuite sortir tous les morceaux et les étaler partout dans la maison et terminer leur cycle de séchage. Ça énervait ma mère sans bon sens. C'était sa technique. Et mon père en a beaucoup, des techniques. Des façons de faire.

• • •

J'ai longtemps considéré mon père comme un être fragile. Mais à travers son immense sensibilité, il y a beaucoup de détermination. Un homme qui a décidé de se sortir d'un milieu pauvre pour s'acheter enfin une maison. Un homme qui, vers dix-huit ans, a su surmonter sa timidité excessive pour parler aux filles, puis trouver un bon travail. Un homme qui sait tout faire de ses mains, de la construction d'une maison de A à Z, à la plomberie, l'électricité, jusqu'à la confection d'un escalier design, sans jamais avoir étudié dans le domaine. Il peut aller au bout de ses convictions, se moquant des conventions, et je l'admire pour ça.

Mon père aime la paix et la simplicité. Ranger son garage, écouter de la musique, parler au téléphone avec ses amis et sa famille, s'instruire en regardant des émissions d'information, vivre une vie tranquille. J'ai beaucoup de beaux souvenirs de mon père dans son garage, le volume de la musique poussé au max, en train de replacer avec amour ses outils, ses morceaux de bois. Il combinait ainsi ses deux passions : le bricolage et la musique. Parfois, je pense que c'est là qu'il trouve son réel bonheur. J'ai le drôle de souvenir d'avoir été jalouse des retailles de bois et des boulons qu'il classait avec soin.

Mon père n'a pas eu de fils et il n'en a jamais été malheureux. Cependant, il a toujours été primordial pour lui que ses filles sachent se débrouiller dans la vie. Dès l'âge de trois ans, il nous mettait un marteau dans les mains et il nous apprenait à planter des clous dans une planche. Il nous a aussi acheté des camions, des voitures électriques et des LEGO de toutes sortes. Il détestait les poupées Barbie, et nous n'en avons jamais eu à la maison. Mon père est au fond un grand féministe.

« Mon père est au fond un grand féministe. »

Quand j'étais adolescente, mon père me disait souvent que je ne devrais pas me maquiller ni me parfumer. Nous étions belles au naturel, mes sœurs, ma mère et moi. Sans lui et ses yeux au ciel lorsque je mettais trop de rouge à lèvres ou que j'empestais le parfum Jennifer Lopez, je serais peut-être devenue plus superficielle, du moins j'accorderais sûrement une plus grande importance à mon apparence.

Montréal, 1964

Robert marche d'un pas lent sur le boulevard Saint-Laurent. La ville dort, la lumière crue des lampadaires fait valser les flocons de la nouvelle neige. Il vient de terminer son quart de travail à l'hôpital Notre-Dame. Il n'aura que quatre petites heures de sommeil avant de repartir pour celui de jour à l'hôpital Saint-Luc. Mais pas de presse. Il aime mieux prendre son temps que de se dépêcher pour aller se reposer. Marcher en ville est une des choses qu'il préfère.

Il peut rêvasser et dans sa tête, tout est permis. Ça lui permet de décompresser de sa nuit, d'évacuer les cris des patients. En tant que préposé aux bénéficiaires, Robert en voit de toutes les couleurs. La semaine passée, un patient en psychiatrie a décidé de peindre les murs avec sa merde. C'est lui qui a dû tout ramasser... Malgré tout, il aime être en contact avec la fragilité humaine. Il a toujours aimé ça, ne l'a jamais jugée.

Robert traverse la rue Sainte-Catherine. Il arrive bientôt à son cinq et demie de la rue Cartier, au sud de Sainte-Catherine, dans le village gai. C'est son quartier depuis qu'il est tout petit. C'est même dans ce quartier qu'il a rencontré Gisèle, qui vivait dans la rue voisine. Ils se sont mariés il y a maintenant quinze ans, et Robert n'a jamais voulu quitter ce coin qu'ils adorent. Tout se fait à pied, ce qui est primordial pour lui. L'église est au coin de la rue. Non pas qu'il y tienne particulièrement, mais bon, c'est pratique, et surtout important pour sa femme. Robert connaît tout le monde du coin, et pour lui qui adore discuter avec le premier venu, c'est important. Mais surtout, les loyers y sont encore très bas. Soixante dollars par mois pour leur cinq pièces. Avec cinq enfants et un maigre salaire de préposé (moins de deux mille dollars par année), ils ne pourraient pas s'offrir un appartement plus cher. Il aimerait bien avoir plus grand, afin que Gisèle ait enfin sa pièce de musique pour donner ses cours de piano, mais c'est impossible. Heureusement, un de ses talents est de se contenter de peu, et d'être heureux dans la simplicité. Leur petit logement est suffisant.

Il monte les escaliers extérieurs en colimaçon. Avec ses bottes, il déblaie grossièrement la neige accumulée sur les marches pendant la nuit pour que sa femme et ses enfants ne glissent pas quand ils partiront pour l'école dans quelques minutes. Il déverrouille et monte encore les dizaines de marches qui le séparent du confort du logement. Dès qu'il passe le pas de la porte, il entend le branle-bas dans la cuisine. Le bruit des couverts qui s'entrechoquent, les voix, les rires, l'eau qui bout pour le thé noir du matin.

Il entre et s'enfarge dans les jouets de Paul. Combien de fois a-t-il dit à sa femme de ramasser les jouets dans le corridor ? Gisèle est une rêveuse, c'est bien une des seules choses qui les lient. Elle pourrait passer ses journées à jouer du piano et à boire du thé. Elle en oublie même de manger. Elle n'a pas du tout les prédispositions d'une « femme au foyer », comme sa mère à lui l'a été. Elle ne voit jamais les mottons de poussière accumulés sur le plancher sur lequel rampe le petit Paul.

Très souvent, alors qu'il est mort de fatigue après son double *shift*, c'est Robert qui empoigne la moppe pour que son fils joue sur un plancher propre. Il ne dit pas un mot à sa femme, par peur d'exploser s'il laissait le flot couler. Il préfère faire et se taire.

Mais ce matin-là, il va directement dans la cuisine. Ses filles Francine et Johanne sont installées à la table ronde et mangent du pain grillé. Gisèle n'a pas fait les lunchs encore. Elles vont être en retard à l'école. Robert ouvre la bouche pour parler calmement à sa femme, mais ce ne sont que des cris qui sortent. Ça lui arrive souvent. C'est comme ça.

***Montréal*, 1976**

Paul, seize ans, arpente nerveusement la rue Panet. Il se dit qu'il aurait mieux fait de mettre l'autre chemise, la bleue. Il a choisi la noire et ça fait peut-être trop sérieux. Même le t-shirt aurait été mieux. Zut. Il pense faire demi-tour, mais non, il serait trop en retard.

François doit déjà l'attendre et il n'aime pas attendre. François, c'est ça son problème, il est trop ponctuel. Il sera souvent déçu, car les gens sont souvent en retard. Paul tourne à gauche sur De Maisonneuve. Il arrive quelques minutes plus tard devant l'adresse que François lui a donnée. Justement, il est là, assis dans les marches, en avance. Il est habillé avec son éternel chandail Gap ligné que Paul n'est plus capable de voir en peinture.

– T'es en retard.

– Je sais.

– C'est toi qui voulais que je vienne, t'aurais pu être à l'heure.

C'est vrai, c'est Paul qui a insisté pour qu'ils aillent ensemble à la fête. Il a même dit à François qu'il lui payerait la bière toute la soirée s'il acceptait de l'accompagner. Paul sait que son ami ne boit pas beaucoup, alors c'était un bon *deal*.

Ils entrent dans l'appartement. Paul semble distinguer du Pink Floyd émaner du bas des escaliers. Ça sent déjà le *pot*, c'est parfait. Les deux garçons montent les escaliers étroits et abrupts jusqu'à cet appartement du Centre-Sud rempli de promesses pour la meilleure soirée de l'année. François gravit les dernières marches à contrecœur, alors que Paul sautille sur place. Pour lui, c'est une soirée des plus importantes; c'est ce soir-là qu'il s'ouvre à un autre monde, qu'il découvre sa face cachée, qu'il se jette dans la gueule du loup. Ce soir, il parle à Sylvie. La belle Sylvie. Il ne peut compter le nombre de fois qu'il a essayé de l'aborder et que la gêne l'a gelé sur place. Il a tout tenté: laisser tomber ses livres devant son casier, lui foncer dessus, l'accrocher au passage, se mettre avec elle lors d'un travail d'équipe, mais rien à faire. Il est terrorisé. L'idée de demander à une fille de sortir avec lui le rend malade. Les mots restent bloqués. Même chose pour François. Ensemble, ils font une belle paire de nonos gênés.

Montréal, 2019

Je suis retournée vivre chez mon père en 2013. On a tous les deux trouvé ça ardu. J'avais dorénavant mes façons de faire d'adulte. La dernière année à l'école de théâtre est la plus exigeante. En plus d'avoir des cours de 8 à 22 heures, je me tapais la route de Longueuil à Sainte-Thérèse matin et soir. La traversée des deux ponts était atroce.

C'était difficile pour mon père que je ne sois à la maison que pour dormir et faire mes lunchs. J'avais grandi, et je n'étais plus sa petite fille qui racontait sa journée en rentrant de l'école ou qui faisait de la balançoire.

Pendant ces quelques mois où j'ai vécu chez lui, mamie Gisèle, sa mère, est entrée à l'hôpital. On est allés la veiller un soir. On a fait des blagues, on s'est inquiétés, puis elle nous a rassurés et nous a dit de rentrer nous coucher. Mon père lui a répondu : « Bonne nuit, faut que tu sois en forme pour Noël ! » Elle a regardé son cadet longuement, avec beaucoup de tendresse dans les yeux. C'était tout mamie, ça, la tendresse.

C'est du moins ce que je voyais avec mes yeux de petite-fille. Et c'est tout ce qu'on veut voir de sa mamie. Même si je sais que ce n'est pas forcément avec ces yeux-là que mon père voyait sa mère.

Cette nuit-là, elle est morte. À la façon dont elle avait regardé mon père, je pense qu'elle savait que ça s'en venait, et qu'elle voulait faire ça seule, sans déranger. Elle n'avait jamais été le centre de l'attention pour qui que ce soit, pas même pour son mari, alors pourquoi l'être à sa mort ?

> ***« J'imagine qu'il s'est souvent dit qu'il ne voulait pas vivre sa vie comme l'avaient fait ses parents. »***

J'ai contemplé son corps frêle, ce petit quatre-vingt-dix livres couché sur le lit d'hôpital. Le médecin nous a dit d'enlever les bagues sur ses doigts avant que le corps ne refroidisse trop. J'ai vu que mon père n'en était pas capable, alors je l'ai fait. Sentir les os des doigts de ma mamie craquer sous les bagues trop serrées par le temps... J'en ai fait des cauchemars pendant plusieurs jours.

Mon père a fixé le corps de sa mère longuement. J'imagine qu'il s'est souvent dit qu'il ne voulait pas vivre sa vie comme l'avaient fait ses parents. Qu'il ne voulait pas avoir de la difficulté à exprimer ses émotions comme sa mère à lui ni se tuer au travail comme son père l'avait fait. Quand on se fait cette promesse, c'est un autre extrême qui nous attend. Et c'est moi aujourd'hui qui ne veux pas lui ressembler. Et la roue tourne comme ça. Éternellement.

***Montréal*, 1976**

Paul regarde autour de lui. Rien. Nulle trace de la belle brune. De toute façon, il se dit que finalement, il n'est pas prêt. S'il la voit, il va détourner le regard, prendre un air innocent, un air froid, voire un air complètement désintéressé. Pourquoi est-il si maladroit ? Donnez-lui un marteau, il vous construit une maison ; un tuyau, il vous refait une plomberie. Et il a appris tout cela par curiosité, parce que ça l'intéresse. Pourquoi n'est-ce pas aussi naturel avec les filles ?

Ça y est, il la voit. Il transpire, suffoque, se sent mal. Heureusement qu'il a mis la chemise noire, on n'y voit que du feu. Il s'avance tout de même vers elle, suivi de son inséparable.

Elle est là, la plus magnifique d'entre toutes : Sylvie. Il voudrait lui dire qu'elle est belle, que son sourire est tendre, qu'il aime qu'elle ne mette pas de rouge à lèvres comme les autres filles, qu'elle passe souvent la main dans ses cheveux lousses, qu'elle est jolie quand elle se concentre. Il voudrait lui dire de venir prendre un verre, de venir marcher, de regarder les étoiles. Il voudrait lui dire qu'il aimerait qu'elle soit dans sa vie, juste un peu, comme elle veut. Mais ce soir, il ne lui parlera pas, terrorisé, incapable de prononcer un mot, incapable de s'affirmer. Elle quitte la fête, puis il fait de même avec François.

Paul marche sur la rue Sainte-Catherine à travers les bars bondés, évitant les gens soûls qui se défoulent après une semaine d'ouvrage éreintante. Il remarque des couples qui s'embrassent, s'amuse à essayer de deviner si c'est leur premier baiser ou s'ils se redécouvrent. Il tourne sur la rue Cartier, monte dans le cinq et demie sur la pointe des pieds pour ne pas déranger ses parents qui dorment.

Dans son lit, il se jure qu'un jour, il sera capable d'aborder une fille, un gars aussi, n'importe qui. De dire ce qu'il ressent. Il ne sera pas comme son père ni comme sa mère.

Montréal, 2008

Robert se dirige vers la rue Sainte-Rose, deux rues à l'ouest de la rue Cartier où il vit depuis plus de soixante ans, maintenant. Il a fait cette promenade il ne sait combien de fois, mais aujourd'hui, c'est différent. Son cadet, Paul, a acheté un immeuble, celui du dépanneur du quartier. Il veut rénover les cinq logements qui se trouvent au-dessus, et il a transformé le dépanneur en petit café. C'est bien son Paul, ça ; il sait tout faire de ses mains. Robert sait que ce sera magnifique, mais il ne lui dira jamais. Un sourire suffira.

Robert s'y rend, car A., sa petite-fille, la fille de Paul, y travaille. Il veut lui faire la surprise. Elle a quinze ans, c'est son premier emploi. Il a appris que son petit chum l'a laissée dernièrement, un mois avant le bal des finissants. Elle est triste à mort.

A. esquisse un sourire en voyant son papi entrer. Après avoir regardé le comptoir à sandwichs et choisi celui au poulet, il lui propose d'aller s'asseoir à l'une des trois tables à l'extérieur donnant sur le parc. A. ne mange pas, trop chamboulée. Lui parle de tout et de rien, comme à son habitude. C'est connu, Robert a le don de passer du coq à l'âne. Si ça en fait rire quelques-uns, ça en énerve plusieurs. Mais aujourd'hui, il veut dire quelque chose à sa petite-fille. De but en blanc, il lui explique que ce n'est pas grave cette rupture, qu'elle est même plutôt chanceuse. A. n'a pas du tout envie d'entendre ça, mais il persiste. Elle est chanceuse, car l'époque a changé, et qu'elle aura donc l'opportunité de connaître plusieurs garçons ; elle aura plusieurs chances de dénicher le bon. Lui ne l'a pas eue, cette chance-là. À son époque à lui, on épousait souvent son premier amour, pour ne pas dire la première venue.

Robert ne le sait pas, mais cette conversation de trottoir devant un sandwich au poulet froid, un jeudi après-midi, suivra A. pour le restant de sa vie. Elle sera déterminante dans les choix qu'elle fera ensuite. Grâce à lui, elle ne sera plus jamais pressée de tomber sur le « bon », et sera même heureuse de faire des rencontres de passage. Et à chaque fin de relation, elle se consolera en trouvant beau le fait qu'un soupirant aura fait un bout de chemin avec elle. À la fin, sa vie sera parsemée de belles rencontres. Jamais elle n'oubliera le visage de son papi lui confiant qu'il aurait aimé pouvoir prendre son temps avant de se marier et fonder une famille. Jamais elle n'oubliera cette dernière phrase, terrible: «Après cinq semaines avec ta mamie, je savais que ce n'était pas la bonne.» Ils ont été mariés plus de soixante ans.

***Montréal*, 1985**

Paul regarde Alice dans la cuisine. Elle est belle, une beauté de femme comme il les aime. Pas trop féminine, bien dans son corps, vêtements confortables plutôt qu'une robe synthétique, portant pour seul parfum un déodorant très subtil. C'est une belle châtaine brillante, souriante. S'il a toujours la même femme devant les yeux, il n'est plus capable de la regarder de la même manière. Il l'aime, ça, c'est certain, mais il sait que quelque chose est brisé, que c'est la fin de leur relation.

Elle ne veut pas d'enfant. Elle le lui a annoncé il y a trois jours. Trois jours de torture à se demander ce qu'il devait faire. Ce n'était pas: «Je ne veux pas d'enfant pour l'instant, on est encore jeunes.» C'était plutôt: «Je ne voudrai jamais d'enfant, Paul, je n'en ai jamais voulu. Je veux garder ma liberté, penser à ma carrière.» En vérité, Paul l'a toujours su, mais il espérait secrètement qu'elle change d'idée en approchant de la trentaine.

Paul a vingt-huit ans et compte tenu de la vitesse avec laquelle il a réussi à se faire une première blonde, il devrait se mettre à chercher la mère de ses enfants tout de suite. Alice est exceptionnelle. C'est d'ailleurs avec tout l'amour du monde qu'elle lui a dit qu'il pouvait partir. Elle connaît depuis le premier jour son désir d'avoir une famille et lui souhaite d'en avoir une. Ils savent tous deux qu'ils devront se faire leurs adieux, mais en douceur. Il ignore s'il doit trouver ça beau ou juste triste que son désir de s'unir pour la vie en faisant un enfant puisse les séparer.

Pour Paul, c'est un besoin vital. Il veut se marier et avoir des enfants dans une maison à lui. C'est peut-être une façon capitaliste de « réussir sa vie », mais c'est sa définition du bonheur. Et il sait aussi qu'il ne veut pas d'une vie de famille comme celle qu'il a eue. Il veut pouvoir se payer du vin quand il en a envie, il veut aussi que sa maison soit confortable, belle et bien tenue. Bien isolée surtout, car il ne veut plus jamais avoir froid. Il a tellement souffert des murs et des planchers glacés dans l'appartement de son enfance que c'en est devenu une obsession. Dès qu'il sent un courant d'air quelque part, il doit colmater la brèche.

Quelques années avant d'emménager avec Alice, il a occupé un cinq et demie rue de Rouen dans Hochelaga-Maisonneuve. Il sous-louait les chambres meublées, ce qui lui permettait de mettre assez d'argent de côté pour sa future maison qu'il achèterait pour sa future famille. Afin d'économiser sur le chauffage, il avait fabriqué des panneaux en styromousse qu'il plaçait dans chacune des fenêtres le soir pour la nuit. Non, il n'aurait plus froid et sa famille ne connaîtrait jamais ça. Il n'aurait pas de craques dans le plancher, de portes qui grincent. Il aurait tous les outils chez lui pour tout réparer. Il a tellement reproché à ses parents de ne pas bien s'occuper de la maison, de ne pas chérir leur foyer. Pour Robert, ce n'était pas une priorité. Il préférait déambuler dans la ville pour rêvasser et s'évader.

***Montréal*, 2017**

Pour son anniversaire, ses enfants lui ont offert un test de génétique. Robert est touché, troublé. Ça fait tellement d'années qu'il souhaite savoir d'où il vient. Adopté à l'âge de trois ans, les trois premières années de sa vie sont un trou noir. Aucun souvenir, aucune odeur, aucune impression. Les premiers souvenirs qui lui viennent sont dans les bras de sa mère adoptive, Zéphérina, une mère qui a comblé tous ses besoins, mais qui n'a pas été des plus aimantes. À l'âge de trente-deux ans, cette femme est allée chercher seule un petit garçon abandonné à la crèche. Incapable d'avoir un enfant, et surtout incapable de voir le regard déçu de son mari alcoolique sur son ventre plat, elle a adopté ce petit garçon qu'elle a nommé Robert. Daltonien, n'ayant pas une bonne vue, ce garçon différent ne cherchait que l'amour de cette femme sauveuse. Mais Zéphérina n'a jamais été une mère couveuse. Les caresses et les mots doux se faisaient rares. Les tâches ménagères, sa belle-mère dont elle devait s'occuper et l'alcoolisme de son mari prenaient toute la place. Les sourires ne traversaient que très peu son visage dur. C'était une femme de devoir, qui a tout donné pour sa famille, et qui a laissé le bonheur à d'autres.

Fuyant à quinze ans une vie de misère dans une ferme de Chersey avec un père violent, Zéphérina n'a fait que survivre. Elle a fait ce qu'elle pouvait pour ce petit Robert qu'elle a élevé, ne lui disant jamais qu'il avait été adopté. Jusqu'à sa mort, Robert l'a confrontée, lui disant qu'il savait tout, mais elle n'a jamais voulu admettre qu'il n'était pas sorti de son ventre. On ne dit pas ces choses-là. On ne parle pas de ça. On se met la tête dans le sable et on tente t'attraper ce qu'on peut dans le noir.

À quatre-vingt-douze ans, Robert veut connaître son passé. Il ne veut rien enlever à cette femme qui l'a vu grandir, mais connaître le nom de sa mère biologique, en savoir plus sur sa vie, s'il a eu des frères et sœurs, tout cela l'obsède. Il aimerait emporter ses racines dans sa tombe, pour qu'elles puissent continuer de pousser.

Montréal, 1988

Paul boucle son dernier bagage. Il en a trois en tout. Deux sacoches sur chaque côté du vélo, plus un sac à dos. Ça fait plusieurs mois qu'il attend ce moment : partir une semaine, avec un groupe de gens inconnus. Il a hâte de pédaler sans arrêt, d'être dans la nature. Il se rend compte que la ville n'est pas faite pour lui, il étouffe. Un jour, oui, il aura une terre, un chien, de l'air pur ! Pour l'instant, il s'offre des escapades quand il le peut.

Paul arrive au lieu de rendez-vous. C'est un groupe de vingt personnes, toutes aux allures sportives et sympathiques. Une fille attire son attention. Pas celle sur laquelle tout le monde tripperait. Non, l'autre, son amie et coloc. Beaucoup plus intéressante. Elle s'appelle Diane, c'est l'organisatrice de cette semaine prometteuse. Il lui a parlé au téléphone lors de l'inscription, et se souvient d'une voix douce et gentille.

Ils passent une semaine magnifique à pédaler toute la journée, et le soir venu ils installent entre deux fous rires le campement pour la nuit, une bière à la main. Le bonheur, quoi ! Diane est belle, simple, avenante. Elle s'assure que tout le monde soit bien. Paul adore ses cheveux fous et bouclés qu'elle attache avec un simple foulard lorsqu'elle enlève son casque de vélo.

Étrangement, Paul pense à ses parents. Eux qui sont encore ensemble après toutes ces années, sans avoir de véritables points communs et qui se sont habitués aux chicanes, aux silences pesants et aux mésententes. Paul a grandi dans cette ambiance toujours à couteaux tirés. Il revoit sa mère bouder, malheureuse, incapable de faire comprendre à son mari ce qu'elle souhaite, tous les deux n'ayant pas d'outils pour communiquer. Lui, bouillant, épuisé de travailler sans arrêt sans jamais être capable de satisfaire les besoins incompréhensibles de sa femme.

> **“ *Nous avons tous pris notre chemin bien à nous...* ”**

Paul se souhaite de vivre le contraire. Partager sa vie avec une femme qui lui ressemble, qui le complète. Une femme simple, qui aime le vélo comme lui, qui semble apprécier les petites choses de la vie... Qui veut des enfants aussi, surtout.

Tout se bouscule très vite dans sa tête, il se dit qu'il n'a plus de temps à perdre. De toute façon, il voit aussi une lumière dans ses yeux, un début d'intérêt, le commencement de quelque chose... ? Il se lance.

Un an plus tard, le 30 juillet, ils s'installent ensemble.

Deux ans plus tard, le 30 juillet, ils se marient.

Trois ans plus tard, le 6 août, A. naît.

***Montréal*, 2019**

Ça fait un an maintenant que j'ai vu la voyante. J'entends encore des histoires de gens qui se sont fait prédire des prophéties qui se sont réalisées. Ça m'impressionne, c'est certain. Mais je persiste à croire que tout n'est pas écrit. Je pense par contre qu'il existe une « prédestination » génétique. Il est prouvé scientifiquement que nous avons dans nos gènes des legs de nos ancêtres qui remontent à sept générations, et toutes ces écritures se bercent en nous, et nous dictent des choses. Un genre d'instinct génétique, j'imagine. Mais je suis aussi certaine qu'on peut réécrire sa vie. Je pense que c'est arrivé pour Zéphérina, pour mon papi, pour mon père, et pour moi aussi. Nous avons tous pris notre chemin bien à nous, en mélangeant sans le savoir des choses transmises par notre lignée, qui resteront à jamais dans l'histoire des Théberge. Ces choses, je les trouve parfois belles et grandioses, parfois désagréables et lourdes à porter. Mais elles font partie de moi pour une raison. Parce qu'une femme a été en rébellion contre son père il y a plus de cent ans, parce qu'un homme voulait être aimé, et parce qu'un autre voulait plus de liberté. Et la lignée continuera ainsi d'évoluer.

Mes anges à moi, ce sont mes parents, mes grands-parents et mes arrière-grands-parents qui ont pris des décisions au cours de leur vie, qui ont subi et vécu des choses qui sont aujourd'hui au cœur de mes gènes. Je dois maintenant apprendre à les aimer et à les respecter, tout en écrivant ma propre histoire.

Andréanne Théberge a terminé sa formation en théâtre au Collège Lionel-Groulx en 2014. Elle tient le rôle d'Éléonore Moreau, un des personnages principaux de la série télé *File d'attente*, saisons 1 et 2, présentée sur Unis TV. Récemment, on a également pu la voir au petit écran dans les séries à succès *Demain des hommes*, *Boomerang*, *District* 31 et plusieurs autres. Au cinéma, elle est de la distribution du prochain film *La beauté du monde* d'André Forcier et a fait une apparition dans *Les nôtres* de Jeanne Leblanc. Au théâtre, elle a fait partie des pièces *Plywood* et *Conte à rendre (un interrogatoire)* du théâtre Omnibus à Espace Libre, ainsi que *Les Laissés Pour Contes* et *Foirée montréalaise* à la Licorne. Jeune créatrice polyvalente, elle accorde une place de plus en plus grande à l'écriture dans sa vie. Elle est entre autres coscénariste de la série *File d'attente* et travaille à l'élaboration de plusieurs projets à venir. *Dans les yeux de mon père* est sa première expérience dans le monde littéraire, et c'est un véritable coup de cœur pour elle.

Crédit photo : Éva-Maude T-Champoux
Photo d'enfance : Archives personnelles

TABLE DES MATIÈRES

Suivez-nous

Achevé d'imprimer en janvier 2021
sur les presses de l'imprimerie Marquis-Gagné
Louiseville, Québec